随筆

地域の旭日

Local Treasures

―地球の未来へ―

池田大作

鳳書院

池田名誉会長夫妻

はじめに

「地球は『母』です。そして、私たちは皆〝地球の子ども〟なのです」

私の大切な友人である、ロシアの宇宙飛行士セレブロフ博士の言葉である。

博士は、私との対談で、宇宙船から見つめた「母なる地球」の印象深い光景を語ってくださった。

それは、アフリカのサハラ砂漠に見つけた激しい砂嵐であった。大気圏上空に舞い上がった砂嵐は、やがてアメリカに到達し、一週間後、北大西洋で雷雨を伴う竜巻となって、観測されたというのである。

ある地域の出来事は、他の地域に生きる誰かと密接に関わっている。「地球は一体」だ。人類は力を合わせて、地球という「お母さん」を大事にしていかねばならない。

世界的な経済危機や、新型インフルエンザの流行など、海の向こうの事象が身近な暮らしに大きな影響を及ぼすことを、深く実感させられる昨今である。

とともに、一つの地域の変革が、希望のモデルとなって、世界に波動を起こすケースも少なくない。ますます、国境が意味を失いつつある時代だ。地域は、もはや国や社会の一部分ではない。むしろ、地球社会の縮図であり、最先端なのである——この思考への転換が求められている。

とりわけ、環境問題などのように、「人類益」と「国益」との間で対立が見られる局面にあっては、国境を越えた民衆の英知の連帯が、いやまして要請される。だからこそ、現実に市民が生きる舞台である地域が、確かな打開の足場を提供してくれるのではなかろうか。

「地域」の未来こそが、「地球」の未来なのである。

「そこから世界中のどこの果てへでも、門と道が通じている」[*1]と語ったのは、大文豪ゲーテである。

ゲーテ自身、ドイツ中部のワイマール地方を文化の拠点として、『ファウスト』などの世界的な名作を創造し発信し続けた。地域から世界を見つめ、隣人をこよなく愛する心で、世界市民との友情も広げていったのである。

「みんな、私が故郷とよばせてもらっているものなのだ。この故郷にはいつでも喜んで帰ってきたくなるのだよ」[*1]とは、ゲーテの感慨であった。

立ち返るべき心の「故郷」を持った人生は、なんと強く、なんと豊かであろうか。

私たちになじみ深い漢字と紙は、かつて大陸から伝来した。その後、製紙の技術は独自の発展を重ね、紙は活字文化の礎となるとともに、文学、芸術、思想など、精神の華を咲かせゆく大地となってきた。

その黎明期における主な紙の産地は、陸奥、安房、美濃、越前、加賀、播磨、安芸、美作、因幡、讃岐などであった。[*2] まさしく、地方が文化を支え、発展させてきたといってよい。

現代の「活字文化」の大切な柱は、新聞である。なかんずく、わが郷土に密着したブロック紙、県紙等の使命は大きい。

地域は、一人一人が拠って立つ原点である。この地域にこそ、汲めども尽きぬ智慧の泉がある。

時代の混迷は深い。だからこそ、わが地域から、人と人の心を対話で結び合う、確かな希望の一歩を踏み出したい。生き生きと人間の顔が見える信頼の地域社会をめざして、たゆみなく創造を続けていくことだ。そこにこそ、旭日が昇り、闇を破るが如く、平和な地球社会の未来が照らし出されていくのではあるまいか。

こうした願いを込めて綴ってきた原稿を、加筆・編集し、前著『ふるさとの光』に続いて発刊させて頂く運びとなった。

重要なテーマを提起して頂き、思索と執筆の貴重な機会を与えてくださった、毎日新聞社、埼玉新聞社、東奥日報社、山陰中央新報社、ＩＰＳ通信社、岐阜新聞社、福島民報社、岩手日報社、福井新聞社、千葉日報社、中國新聞社、日本海新聞社、長崎新聞社、河北新報社、山陽新聞社、神戸新聞社、北國新聞社、四国新聞社の関係者の方々に、厚く御礼を申し上げたい。
日夜、たゆまざる努力で、活字文化の興隆という尊き使命を果たされている各新聞社等の皆様方に、改めて心からの敬意を表するとともに、それぞれの地域の限りない御発展を心からお祈り申し上げます。

二〇〇九年六月六日

平和の信念に殉じた先師の誕生記念日に

池田 大作

＊1　エッカーマン著『ゲーテとの対話（上）』山下肇訳、岩波書店

＊2　『紙の文化事典』尾鍋史彦編、朝倉書店　前川新一著『和紙文化史年表』思文閣出版、参照

随筆

地域の旭日

――地球の未来へ――

青年

女性・子ども・教育

平和・人権・共生

地域・文化

カバー及び本文中写真　著　者
識者との会見等の写真　聖教新聞社
装幀及び本文デザイン　藤原　光寿

青年

若き活力で危機の打開を

「平和は自動的にくるものでなく、若者がかかわることで確保されるものだ」[*1]

私の友人である統一ドイツのヴァイツゼッカー初代大統領は、沖縄の青年たちを励まされた。青年こそ、平和の原動力である。

あの「ベルリンの壁」を崩して、東西冷戦の終結をもたらしたのも、ドイツで政財界を動かして環境保護の政策を推進したのも、青年の声の力が大きい。それゆえに、大統領は強く期待された。

〝大人は情けない妥協をしてしまいがちだ。若い人は控えめにならず、どしどしものを言ってほしい〟

大統領や私は、戦争で青春を踏みにじられた世代である。わが家も、四人の兄が徴兵され、長兄は戦死。父母の嘆きは深かった。家は空襲で焼かれ、私自身も肺病を患っていた。

あんな苦しい悔しい思いを、二度と青年にさせてはならない――私たちの世代の祈りであり、決心である。

人も社会も、学ぶ心を失った時に老いる。青年と共に生き生きと学び、青年の新たな発想と創造性を伸びやかに引き出していくことこそ、あらゆる危機を打開する活路であろう。「変化」は小さな一歩から始まる。

私が知るアメリカの若者たちは十年前（一九九九年）、衝撃的な高校生の銃乱射事件を機に、身近な地域や学校から、いじめや暴力をなくそうと立ち上がった。展示会や対話を軸に「暴力に打ち勝つ運動」を積み重ね、「自分の生命を尊重しよう」「すべての生命を尊重しよう」「人々に希望を贈ろう」を合言葉に百万人を超える共感の輪を広げた。「友情の力は暴力に勝る」と、青年たちは誇り高い。

アインシュタインが、精神分析の創始者フロイトに「戦争を避ける方途」を尋ねた。

答えは明快であった。「人と人の間の感情と心の絆を作り上げるものは、すべて戦争を阻む」「文化の発展を促せば、戦争の終焉へ向けて歩み出すことができる！」[*2]。

すなわち対話によって、心の温かみのある社会を建設することだ。そして文化の創造と交流である。特に良質の活字文化は絶対に護らねばならぬ平和の砦だ。

戦争中、私は新聞配達をしていた。今でも、雨の日や寒い日など、配達の方々の苦労が偲ばれてならない。

ドイツのヴァイツゼッカー大統領と会見（1991.6　ドイツ・ボン）

不屈の活力で逆境を克服

私が見つめてきた関西出身の青年は、先天性の脳性小児マヒを乗り越えながら、毎日新聞を配達した。その陰には、不自由な体でも自転車に乗れるよう、一緒に傷だらけになって練習してくれた仲間がいた。新聞を配り、定時制高校に学ぶ日々のなかで、彼は心に決めた。「弱気になったり、挫折感に苦しんだりする人に、勇気を贈れる人間になりたい」

大学を卒業し、就職も勝ち取って、今、誓い通りの社会貢献の人生を、良き家族と朗らかに歩んでいる。いかなる逆境も突破しゆく不屈の活力こそ、青年の特権ではあるまいか。

世界は若い力が台頭している。私も年頭「若き米ロ首脳の早期会談で、大胆に核軍縮の前進を」と提言した。

私たちが手を携えて行動してきた国連協会世界連盟も、明年（二〇一〇年）のNPT（核拡散防止条約）再検討会議に向け、「核兵器のない世界のためのグローバル若者運動」を展開している。

平和の原点・広島と長崎を擁する日本の青年が、生命の尊厳と共生の社会へ、一段と声を強めゆく時である。

「青年が取り組んで、英雄になれないような事業や仕事など、何一つとしてない」――若き友に贈りたいホイットマンの詩の一節である。

（毎日新聞　2009年3月1日）

＊1　毎日新聞1999年5月7日付

＊2　『ヒトはなぜ戦争をするのか？――アインシュタインとフロイトの往復書簡』浅見昇吾編訳、花風社

切磋琢磨し合い「なくてはならない人」に

伸びゆく命は美しい。

「若さ」とは「生命が貯えている豊富な成長力」である。さらに「一切を突破する力」であり、そして「一切を明るくする太陽」である。[*1]

これは、埼玉の天地を愛した歌人・与謝野晶子の青年観であった。

まばゆき緑の六月は、万物が伸びゆく季節である。私にとって、若き日より、朝霞、大宮、熊谷、戸田と、幾度となく友人たちのもとへ足を運んだのは、不思議と六月が多かった。

川越城址を友と訪れ、来し方の武蔵野に思いを馳せたことも、六月の懐かしい思い出である。

六月となれば、春四月に希望に胸をふくらませて進学した新入生や、就職した新社会人たちも、新しい環境に溶け込んで、次のステップを踏み出していく時期かもしれない。思い描いていた理想と厳しい現実とのギャップに悩む場合も、当然あるであろう。

緑あざやかな県の木「欅」のように、大なり小なり、誰人も直面する試練の風雨を、たくましく朗らかに乗り越えて、大樹へ育っていってほしいと、私は念願する一人である。

わが生命を誇り高く磨こう

その願いを込めて、若き皆さんに何点かエールを贈らせていただきたい。

第一のエールは、「わが生命を誇り高く磨こう」ということである。「埼玉」という地名には、妙なるロマンの響きがある。その「彩の玉」すなわち「光彩を放つ玉」とは、いかなる玉であろうか。

活力みなぎらせて発展する都心と、詩情豊かな田園をあわせもった国土も、たしかに多彩な魅力に富んでいる。

しかし、それにもまして光っているものがある。それは、青年である。若き生命という「彩の玉」なのである。

「若い」というだけで、いかなる権力者も富豪もかなわぬ、無上の宝の玉を持っているのだ。

埼玉の歴史には、その若き生命の宝玉を思う存分に発光させた先人の群像が躍動している。

わが国の最初の女性医師として名高い、熊谷出身の荻野吟子、そして吟子に続いて、日本で二人目の女性医師となった生沢クノも、そうだ。

一八六四年（元治元年）、生沢クノは、オランダ医学を修めて深谷で開業していた父母のもとに生まれた。

父に続いて医学を志したが、当時、医師の資格は女性には認められていなかった。

しかし、クノは猛反対する父を説得し、東京府病院の見習生などを経たのち、十八歳で東亜医学校に特別に入学した。いまだ女子学生は正式には許可されなかったため、断髪し男装したうえ、教室の外で学ばねばならなかった。

言うに言われぬ苦労の末に医学を修めたものの、なお障壁が立ちはだかった。女性であるという理由で、医師免許取得の試験を受けることができなかったのだ。

請願書を東京の知事や埼玉の県令に宛てて提出したが、「前例がない」と、ことごとく却下された。それでも、彼女は絶対にあきらめなかった。

一八八四年（明治十七年）、ようやく医師免許規制が改正され、女性の受験が可能になった。

自らの病気も克服し、難関を突破して医師になってからは、寄居、川越、深谷などで、医道に励んだ。地元や隣の群馬県で、地域のため、庶民のため、気高き医療活動に一生を捧げ抜いた。

治療費が払えぬ患者が代わりに持ってくる数本のサツマイモを、ほほえみ受け取りながら、皆に尽くしゆく慈愛の名医であった。

じつは、このクノに大きな影響を与えたのが、東亜医学校で講師を務めていた、若き日の森鴎外である。明治を代表する文豪の鴎外が、高名な医学者でもあったことは、ご存じの通りだ。伝記には、この鴎外に触発された彼女の心情が、こう綴られている。

「天性だから出来るのでもない。わたしだって同じ人間だ。能力の差はあるとしても、近づくことだけはできる」＊2

この聡明な乙女は、わが生命が抱き持つ「宝の玉」に目覚め、懸命に磨き続けていった。そして、多くの人々の尊極の生命をも、厳然と護り抜いていったのだ。

最高峰の仏典である法華経に、「衣裏珠の譬え」という味わい深い説話がある。

――ある一人の貧しい男がいた。自分が寝ている間に、裕福な親友が、最高の「宝の玉」を衣服の裏に縫いつけて贈ってくれた。ところが男は少しも気づかないまま、哀れな流浪を続けていた。その後、再会した親友から、初めて自分自身が最高の「宝の玉」を持っていることを教えられ、大歓喜した、という譬喩である。

この最高の「宝の玉」とは、万人の生命に秘められた無限の智慧であり、力である。わが生命それ自体が、全宇宙のありとあらゆる財宝を集めたよりも尊い「宝の玉」なのである。

その自らが持っている宝の価値に気づかず、磨こうともせず、人を羨んだり、嫉んだりして、どこか遠くに宝を追い求めていく青春であれば、自分自身が損をしてしまうのではないだろうか。

埼玉新聞に連載された、上里町が誇る「日本初の女性水上飛行家」西崎キクをはじめ、「彩の国」の天地には、若き挑戦と開拓の青春が幾重にもきざまれている。

労苦のなかでこそ若き生命は光彩を放つ

青年に贈りたい第二のエールは、「労苦のなかでこそ、若き生命は光彩を放つ」ということである。

東西の冷戦を終結させた立役者・ゴルバチョフ元ソ連大統領と語り合ったことがある。

――私たちの世代は、まさに二十世紀の「戦争の子ども」であった。だか

ゴルバチョフ元ソ連大統領と会見（2007.6　東京）

らこそ、若き世代のため、新しい平和の時代の幕を断じて開いておきたい、と。ともに、元大統領と深く一致したのが、「青春の苦労は必ず人生の宝となって輝く」という法則であった。

今、世界には食糧危機が広がっている。振り返れば、戦後の食糧難も深刻であった。わが家では、病気の父と戦死した長兄に代わって、一家の柱となった次兄が、東京の大田区から、飯能の親しい戦友のところへ、しばしば通った。その御一家が、いつもいつも親切に、お米や野菜を分けてくださったことが、どれほど、ありがたかったか。御恩は、今もって忘れることができない。

歴史的にも、埼玉は「江戸の母」であった。その母なる大地の恵みと、勤勉な人々の汗が、東京の食と命を支えてくれたのである。

一九四七年（昭和二十二年）の八月、二度目の終戦記念日を迎える前夜、十九歳の私は、戦争に反対して二年間の獄中闘争を貫いた信念の教育者と出会った。

そして人生の師と仰ぎ、その薫陶を受けて、平和創造の道を進むようになったのである。

ところが、当時の激動する経済の混乱にあって、大きな理想を掲げた恩師の事業も破綻してしまった。

師にお世話になっていた社員も、一人去り、二人去り、していった。その経験があるだけに、今もって倒産などのニュースを聞くと、とても他人事には思えない。

わが師が死さえ思い詰める苦境のなか、二十代前半の私は、ただ一人、懸命に仕えた。事態の打開のために、師と二人して埼玉を奔走したことも、忘れ得ぬ歴史である。そうしたなかで記した日記の一節がある。

「苦闘よ、苦闘よ。

汝は、その中より、真の人間が出来るのだ。汝は、その中より、鉄の意思が育つのだ。汝は、その中より、真実の涙を知ることができるのだ。汝よ、その中より、人間革命があることを知れ」

苦悩を突き抜けてこそ、真の充実があり、歓喜があるとは、心底からの実感であった。

また自分が苦しんだからこそ、同じように悩み苦しむ人の心が多少なりともわかるようになった。そのことに、私はつくづく感謝している。

モスクワ大学の総長を務められたログノフ博士と、ダイヤモンドをめぐって論じ合ったことがある。

ダイヤモンドは、ロシア語で「アルマス」といい、その語源は「征服されないもの」「無敵のもの」を意味するギリシャ語の「アマダス」に由来する。その名の通り、「地球上で最も硬く、強い物質」である。

では、その強さの秘密は、どこにあるのか。

物理学の大家である博士は、こう結論されていた。

「地下の深いところで、きわめて高い温度と圧力によって結晶がつくられた」からだと。

人間もまた、同じではあるまいか。誰が見ていようがいまいが、人知れぬ苦労を重ねながら、真剣な大情熱をたぎらせて、わが身を燃焼させていくことである。

そのたゆまぬ努力の積み重ねは、必ず結晶し、凝結して、何ものにも屈しない、金剛不壊の生命の玉光を放っていくからだ。

一日一日を丁寧に、一歩一歩を勇敢に

第三のエールとして、「一日一日を丁寧に、一歩一歩を勇敢に」と申し上げたい。アメリカの大経済学者ガルブレイス博士が語っておられた印象的な言葉がある。

「私は、人生というのは、自分に与えられた〝時間〟だと思うのです」と。

そのかけがえのない時間を、いかに悔いなく価値あらしめていくか。一日また一日が、真剣勝負であるといってよい。

この点、埼玉に縁の深い、作家の武者小路実篤も、こう書いている。

「道は近きより始める。千里歩くものは一歩より始める。そして一歩より本気になって歩く、決して千里さきにつく時のこと許り考えて足もとを忘れはしない」[*3]

大いなる目的に生きる人は、一歩を大切にする。一歩の深き価値を知っている。一歩また一歩を、勇敢に踏み出していく。

私の師は、仕事の悩みを持つ青年に対して、よく、こう励まされていた。

「はじめから希望通り理想的な職業につく人は稀だろう。思いもかけなかったような仕事をやらなければならない場合のほうが多い。

そういう時、決して、へこたれてはいけない。自分の今の職場で全力を挙げて頑張ることだ。

『なくてはならない人』になることだ。そうすれば、一つ一つの苦労が、無駄なく、貴重な財産として生きていくものだ」と。

さらに師は、青年にとって根本の財産は「信頼」と「誠実」であると、教えてくれた。

それらは、一朝一夕には築けない。今、自分がいる足もとを大切にし、一日一日を丁寧に生き切っていくなかに、信頼・信用という人生の宝が自ずとついてくるのではないだろうか。

時代の闇は、ますます深い。

だからこそ、まず自らが太陽と光って、周囲を照らしていこうとする勇気の一歩が大切となる。

「若さ」それ自体が「希望の太陽」なのだ。

ダイヤは、ダイヤによって研磨する。

青年は、青年と切磋琢磨し合うなかでこそ、無敵の光彩を放っていくものだ。

（埼玉新聞　２００８年６月24日）

＊1　「愛の創作」『與謝野晶子全集13』文泉堂出版、引用・参照、現代表記に改めた
＊2　井戸川眞則著『医士　生沢クノの生涯』
＊3　『幸福者』岩波文庫、現代表記に改めた

英雄ナポレオン

人間の「幸福」とは何だろうか。

若きナポレオン・ボナパルトの答えは明確であった。

「自分の才能を十二分に発揮できることです」と。

戦後まもなく、私は近所の中学校の夏季学校に招かれて、ナポレオンの講義を行った。混迷の時代だからこそ、私はナポレオンを通して、「自らの可能性を信じよう。一人の人間には、時代を変える力がある」と呼びかけたかったのである。

「自分の星」を輝かせよう

英雄の生命は、時を超えて永遠に青年の心に蘇る。八月十五日はナポレオンの誕生日だ。青森県立美術館では「大ナポレオン展」が開催された。（二〇〇八年七月三十日～九月七日）

私はナポレオン家の当主であるプランス・シャルル・ナポレオン公（ナポレオンの末弟ジェロームから数えて五代目の直系の子孫）と対談を重ねている。

「人生にはチャンスがある。人は皆、『自分の星』を持っていると、ナポレオンは信じていたのです」。一九六センチの長身のナポレオン公は語られた。

地中海のコルシカ島の貧しい中流貴族の家庭に生まれたナポレオンには、人に語れるような身分も財産もなかった。学校では〝いじめ〟を受けた。しかし、どんな逆境も、彼の誇りを奪うことだけはできなかったのである。

2008.8　東京

「同級生の中で私が一番、貧しかった。彼らはポケットに小遣いを持っていた。私は一度もそんなことはなかった。そのことが私の誇りであった」。思うようにいかぬ境遇で、歯を食いしばって奮闘する青年たちに伝えたい言葉である。

人知れず学び、力を蓄えたナポレオンは、旧体制を打破したフランス革命を機に、チャンスをつかみ、一気に時代の頂点へと駆け上がった。そして「自由」「平等」「友愛」の革命の理念を受け継ぎながら、ヨーロッパの統一、人類の融和という壮大なロマンを掲げ、「自分の星」を輝かせていったのだ。

その姿を象徴する名画「サン＝ベルナール峠を越えるボナパルト」（ダヴィッド作）が、「大ナポレオン展」に出展された。一八〇〇年五月、第二次イタリア遠征を舞台とした不滅の傑作である。

ナポレオンは、標高二、四七二メートルのサン＝ベルナール峠越えという、意表を突く大作戦を立てた。

雪深きアルプスの険難の峰。三万人もの大移動。

誰もが不可能と思った。しかし、視察報告を聞いたナポレオンは、ただ一言、尋ねた。

「我々は通れるかね?」

「はい。しかし、困難を伴います」

彼は決然と叫んだ。「それでは、出発だ!」

ナポレオンは、大半の道を兵士と共に歩いた。そして難所にさしかかると、自ら陣頭に立って皆を励まし、あのアルプス越えを成し遂げたのである。

青森県が生んだ作家・太宰治は、日本三大美林に数えられる郷土のヒバ林を生き生きと描写した。

「青森県といふ名もそこから起つたのではないかと思はれるほど、津軽の山々には樹木が枝々をからませ合つて冬もなほ青く繁つてゐる」[*1]

青森の「青」——それは、樹木の青、空の青、海の青であり、そして青年の青である。わが敬愛する青森の青年たちが、若きナポレオンのごとく「前進」の息吹に満ちて、「人材の青き森」を広げゆく未来を私は見つめたい。

言論人 生む青森の風土

「古き王朝を終わらせた力は何か？」

「それは新聞であった！」

ナポレオンの洞察である。

彼は、エジプト遠征の際にも、印刷機を運び込み、画期的な日刊紙「エジプト時報」を創刊した。

「ナポレオンにとって、新聞は三十万の軍に匹敵した」とも評される。

それくらい、新聞の力を重視した。ナポレオンの文化への貢献は、これまで、あまり知られてこなかった側面である。

ナポレオンは読書家であった。若き日は、「本屋の書棚に欲しい本を目にするたびに、ため息をついた。やっと必要な額が貯まると、子どものように喜んで買いに行った」という。読書こそ、ナポレオンの青春の喜びであり、前進の原動力であった。

古来、青森県は屹立した言論人を生んできた。

弘前市出身の陸羯南は、明治の論壇をリードした。羯南は、民意・民力に基づく国のあり方を指向する「国民主義」を提唱している。自らの信ずる理念を貫くことこそ「新聞紙の職分」であると考え、三十回にも及ぶ政府による発行停止処分にも屈しなかった。

さらに、日本草分けの女性ジャーナリストとして健筆をふるった羽仁もと子氏や、ベトナムの戦場報道に従事し、カンボジアで殉職された〝平和のカメラマン〟澤田教一氏にも、青森の風土に、はぐくまれた気高き魂が光っている。


フランスの「行動する作家」アンドレ・マルロー氏と語り合ったことが思い起こされる。

――現代は「決断不在の時代」であり、ナポレオンのような強烈な個性をもった指導者は出現し得ないであろう。だからこそ、いよいよ民衆が歴史の前面に躍り出て、高らかに声をあげゆく時代に入った、と。

なかんずく、聡明な女性の声、母たちの声が、どれほど、人々に希望と勇気を贈りゆくことか。

「不運に『負けない』ことが、立派で高貴なことなのです」とは、ナポレオンの母の励ましであった。

ふざけて、足の不自由な祖母の真似をしたナポレオン少年を、この母が「いつから、そんな卑怯者になったの？」と、したたかにしかりつけた逸話も残っている。

晩年、ナポレオンは率直に述懐した。

「私は、女性と十分に対話できなかったことを後悔している。女性からは、男たちがあえて私に語ろうとしない多くのことを学ぶことができる」と。

半世紀近く前の厳寒の冬。私は、青森の友人のお母さん方から、炊きたてのおにぎりを列車に差し入れていただいた。その慈母の真心は、今も心に温かい。一番、苦労している世界中の母たちの笑顔が、一番、光り輝く「平和の文化」の時代――。ここに、二十一世紀の目指すべき指標があるのではないだろうか。

〝命の食〟はぐくむ青森県

ナポレオンが皇帝の戴冠式を終えて間もない頃である。彼は一人で遠出をして、一軒の農家を訪ねた。農家のおばあさんは、来客が誰か、気づかなかった。するとナポレオンは、子どものような口調で言った。

「牛乳と卵をおくれ。おなかがペコペコなんだ」

おばあさんは思い出した。幼年学校時代、よく、ごちそうしてあげた、あの少年ではないか。皇帝ナポレオンは、食事を終えると、お礼に金貨の詰まった財布を置いて、再び馬上の人となった——と伝えられている。

若き日、食事にも事欠く苦労をした。それだけに、彼は農業を大事にした。農具や肥料も改善され、農業生産高は飛躍的に増大した。食糧を長期保存する「瓶詰め」も、ナポレオンの公募で発明されたものだ。

「食は命」である。青森県が生んだ、江戸時代の独創的な思想家・安藤昌益は、農民を「世の宝」とし、農耕を根本とした社会の改革を主張した。世界的に食糧危機が憂慮される現代にあって、青森発の警世の思想は一段と輝きを増している。

青森は、農林水産業の多くの部門でトップを占め、食料自給率も高い。世界に誇る白神山地に象徴される豊かな森林資源とともに、青森は、日本にとっても、いな地球共同体にとっても宝の天地なのである。

わが家も海苔の養殖業を営んでいた。大自然を相手にする農漁業の労苦を実感してきた一人である。

とくに今年（二〇〇八年）は、雹や霜の被害で、リンゴが大きなダメージを受けたと伺った。燃料費の高騰も深刻である。さらに、若者の農漁業離れも進行している。

しかし、私の多くの誠実にして忍耐強い青森の友人たちは、一歩も引かずに、創意工夫を重ねておられる。

報道によれば、東北新幹線の全線開通に向けた「グリーンツーリズム」の開発の一環として、地産地消型の「農家レストラン」の試みも広がっている。その担い手は、「地域の活性化に貢献したい」という、知恵光る農村の女性たちである。

「境遇がなんだ！　私が境遇をつくるのだ！」とは、ナポレオンの叫びであった。

私が創立した東京富士美術館で開幕した「大ナポレオン展」には、ナポレ

プランセス・ナポレオン妃と会談（1993.10　東京）

オン家を代表して、プランセス・ナポレオン妃が出席してくださった。現在、私が対談を重ねるナポレオン公の母君である。妃は東京で、ナポレオンがクレジット・カードを手にした宣伝ポスターを見て驚かれたという。ほほ笑まれながら、「日本人は、ナポレオンの持っている建設的な思想の中に、自分自身を発見するのでしょうか」とスピーチをされた。

「建設」とは「勇気」の異名であろう。アメリカ・ルネサンスの旗手エマソンも論じている。

――ナポレオンは、我々に「勇気があれば、道はいつでも拓ける」ということを教えてくれる[*2]、と。

青森の壮年の有志は、奥入瀬渓流で詠んだ私の詩に曲をつけ歌い上げてくださった。来県した英国の教育者も、その勇壮な歌声の歓迎に深く感動していた。

「滝の如く　激しく
滝の如く　撓まず
滝の如く　恐れず
滝の如く　朗らかに
滝の如く　堂々と
男は　王者の風格を持て」

二〇〇九年、生誕百周年を迎える太宰治は綴った。

「日本の文華が小さく完成して行きづまつてゐる時、この津軽地方の大きい未完成が、どれだけ日本の希望になつてゐるか」[*1]。その通りだ。旭日は東から昇る。スケールの大きな新時代が、東奥の青森から生まれている。

（東奥日報　2008年8月10日～12日）

＊1　「津軽」『太宰治全集6』筑摩書房
＊2　『エマソン選集6　代表的人間像』酒本雅之訳、日本教文社、引用・参照

民衆交流こそ平和の礎

いにしえより日本海は「友情の海」であった。島根県にも、鳥取県にも活発な往来を物語る遺跡や文物が、数多くとどめられている。ロシア沿海州の一万八千年前の遺跡でも、隠岐の特産の黒曜石が発見された。

大陸から見れば、山陰こそ、日本列島の「表玄関」であり「正門」である。美しく豊かな心が光る山陰の天地が〝顔〟となってきたことは、日本にとって大きな幸運だと私は思う。

「向こう三軒両隣」と仲良くすることは、人間社会の普遍の知恵である。

それは、国際関係においても、何ら変わりがあるまい。

なかんずく今日は、人類史上、最も相互依存の進んだ時代である。経済しかり。エネルギー問題しかり。環境問題しかり。地域の安全保障しかり。

どの国も一国だけでは成り立たない。大局観に立って、互いの利益の方向へ手を携えることが、外交の大原則であろう。

一九六八年、私は二万人に及ぶ学生を前に「日中国交正常化」を提言した。まだ日本が中国敵視の政策をとっていた最中である。

非難も浴び、脅迫もされた。しかし、日中の友好なくして、アジアの安定はない。世界の平和もありえない。これは自明の理だ。

二〇〇五年、八雲村（現在は松江市）で開催された「偉大な指導者　周恩来」展には、三万人を超える方々が来場され、両国の万代の友誼を願い続けた周総理の心をしのばれたとうかがい、私は嬉しかった。

私が周総理とお会いしたのは一九七四年。総理七十六歳、私は四十六歳。

北京の入院先の病院に招いてくださり、病の身をおして「すべての国が平等な立場で助け合わねばなりません」と力強く言われた。

「民を以て官を促す」とは、周総理の外交哲学であった。民衆と民衆の友好の大海原が、広々と開かれてこそ、政治・経済の交流の大船も行き交うことができる。

後継の鄧小平氏とも、私はたびたび文化・教育の交流、女性代表団の往来などを語り合った。

「日中平和友好条約」締結のために来日された鄧氏は敬愛を込めて、山陰が生んだ日中友好の先人の名を挙げられた。

その人は、鹿島町（現在は松江市）出身の中国文学者・増田渉氏である。一九三一年、上海にいた文豪・魯迅のもとを訪れ、真摯に礼を尽くして教えを受けた。

魯迅もまた、二十歳以上も年下の増田氏を誠心誠意、大切にした。「誠実」

で結ばれた友情の絆こそ、平和と友好の基盤である。

思えば、周総理も私に「あなたが若いからこそ大事につきあいたい」と言われた。

青年こそ平和の希望

現在の胡錦濤主席と、私が初めてお会いしたのは、一九八五年、主席が中国の青年リーダーとして来日した折である。若き胡主席を迎える私の胸にも、青年を思う周総理の言葉が響いていた。

青年は宝である。青年こそ平和の希望となる。

先般、中日友好協会の宋健会長一行をお迎えし、両国の友情の新時代を大いに語り合った。宋会長は、同行の青年たちを「私の後継者です」と誇らかに紹介してくださった。

じつは、その中にも、山陰に長期間、滞在されていた方々がおられ、私は感銘した。

島根県は日本で唯一、中日友好協会からの派遣交流員を受け入れておられる。私がお会いしてきた、中国の幾人もの青年たちが、山陰を「日本のふるさと」そして「アジアのふるさと」と愛しながら、平和友好に励まれていた。

一人の若き生命に蒔かれた友誼の種は、どれほど大きな花を咲かせゆくことか。山陰の方々の尊き友好の尽力に、私は最敬礼したい。

二〇〇六年、私は、百年先の長期展望に立った「日中環境パートナーシップ」の構築を提言した。

山陰中央新報社は、環境問題にも先駆的に取り組まれている。

鳥取大学の乾燥地研究センターでも、中国科学院と協力して「中国内陸部の砂漠化防止および開発利用に関する研究」を行い、着実な成果を挙げてこられた。

中国の胡錦濤国家主席と会見（2008.5　東京）

「遠くの親せきより近くの他人」という。伸びゆく山陰にとって、伸びゆく中国との連携が、みずみずしい活力となることは、間違いない。

「路とは何か？ それは路のないところを踏み歩いてできたものである、荊棘ばかりのところを伐りひらいてできたものである」*1

これは、増田氏が翻訳した魯迅の言葉である。

二十一世紀を「民衆大交流の世紀」に！ そこに日本の平和と発展もある。環日本海文明の要である山陰にこそ、大交流の路を開く大いなる使命と力量と未来が光っている。

（山陰中央新報　2007年1月4日）

*1 「熱風」『魯迅選集6』増田渉訳、岩波書店

青年の力で国連の改革を

「われに『テコ』と『足場』を与えよ。しからば、地球をも動かしてみせよう」と叫んだのは、二千二百年前のアルキメデスであった。

それは「テコの原理」を示しているのみではない。ここには、人類の可能性への信頼のメッセージが込められているのではないだろうか。いかなる難問であろうとも、必ず打開できる英知を、人間はもっているのだ、と。

一九六三年の九月、第十八回の国連総会で、アメリカのケネディ大統領は、このアルキメデスの言葉を引用して語った。

国益より人類益の視点で

「この地球とともに住む諸君よ。この各国の集会場を、われわれの足場としようではないか。そしてわれわれの時代に、この世界を正しい永続的な平和に向かって動かせるかどうかやってみようではないか」[*1]

国連は、まさしく「人類益」を「テコ」として、地球を動かしていく壮大な挑戦の「足場」なのである。

地球温暖化、金融危機、貧困と経済格差、テロ、食糧危機など、山積する地球的問題群を、人類は、どう打開していけばよいのか。

その具体的な糸口は、人類が悲惨な二度の大戦を経て誕生させた国連を、〝連帯の足場〟として、最大限に生かしていく中でしか見出せないことは明白だ。

各国が旧来の国益中心の行動を、より「人類益」に立った思考に転換し、力を合わせていくための基軸は、国連をおいて、他にはあり得ないからだ。自国あっての地球ではない。地球あっての自国である。この自明の理を各国が再認識していくことが強く求められているのだ。

もちろん、国連は、様々な課題を抱えている。世界からの期待に応えるためには、国連自体の強力な改革と蘇生が必要である。

二十一世紀の国連の運営は、国境を超えた「目的の共有」「責任の共有」「行動の共有」の三本の柱によって支えられねばならない。それを、定着させるために、今までの型を破る、新しい発想と創造性をもった「青年の力」が絶対に欠かせないと、私は確信する。事実、世界の青年たちは、地球の運命に対する憂慮を共有し、新しい情報通信技術によって交流し、ネットワークを築きつつあるのである。

国連の定義で「子ども」と「青年」をあわせた二十四歳以下の人口は、世界の人口の実に半数近くを占めるという。彼らは、限りない希望と変革をもたらす源泉である。

今日の世界が抱える幾多の問題を放置して、その大きな災禍を負わされるのは、他でもない次の世代である。彼らにこそ、最も大きな発言権があるはずだ。私心なく目先の利害を超え、正義の心に燃えて、長期的な展望に立てるのも、青年の特権である。

私は、国連の討議や諸機関が各地で行う活動に、青年たちがさらに積極的に関わっていける制度を確立することがきわめて重要であると信じている。政策決定の場に青年を参画させるという国連の取り組みの成果として、二〇〇八年の国連総会においては、十四カ国の代表団に青年が加わっている。これは青年の有益な貢献に対する理解と信頼の証であり、国連加盟国によるこうした努力がさらに啓発を広げることを望みたい。

他方、国連の機構に関していえば、国連経済社会局には「青年」に関する問題を扱う担当窓口がある。その格上げを図り、やがて「青年局」の設置を目指すことも検討に値するのではないだろうか。そして「青年担当」の事務総長特別代表や、上級代表というポストを国連に常設的に設けることも一案であろう。

また、国連広報局のNGO（非政府組織）年次会議や、国連主催の国際会議では、近年、青年の参加とその果たす役割に、ますます焦点を当てている。

私は、こうした努力をさらに発展させ、国連総会と直接リンクした「プレミーティング」として、国連が世界の青年代表を招いて行う「青年総会」の設立を訴えたい。そこでの討議が、毎年の国連総会に反映されるべきである。

ともあれ、若い世代の視点からの主張に、世界の指導者が直接、耳を傾ける機会が増えていくことを、私は強く念願してやまない。

私は青年を信ずる。みずみずしい前進の心とエネルギー、新たな未来図を大胆に描く構想力、たくましく難局を突破していく行動力——こうした青年の活力と智慧を引き出し、伸ばし、育てていくことだ。

そこに、人類の可能性は行き詰まりなく開かれる。国連という「足場」を堅固にし、地球を平和へと動かしゆく原動力も、青年から生まれることを忘れまい。

（ＩＰＳ通信社　２００８年10月24日）

＊1　高村暢児編『絶叫するケネディ』学習研究社

女性・子ども・教育

平和の文化——常に生命を慈しむ心を

岐阜県の旧岩村町（現恵那市）に生まれた女性教育の先覚者・下田歌子は、誇り高く語った。「社会を変えるのは女性である。そのためには女性が変わらなくてはならない」と。以来、一世紀——。女性たちが生き生きと変わり、社会を変えゆく新たな世紀が始まっている。

あの第二次世界大戦中、ナチスの迫害から逃れる数千人のユダヤ人のために、〝命のビザ〟を発給した外交官の杉原千畝・幸子夫妻も、岐阜県ゆかりの方である。千畝氏の生まれ故郷の八百津町には、その功績を顕彰する記念館があり、夫妻に感謝する人々が世界各地から訪れている。

一九九九年、私どもが岐阜市で「アンネ・フランクとホロコースト」展を開催した際、幸子夫人は記念講演をしてくださった。

当時の外務省の訓令に背いてまで、信念の行動を貫き通したのは、なぜか。

「自分を頼ってくる人々を振り切って、自分たちだけが生きていこうというのは間違っていると、ビザ発給を決めたのです」

それは、生まれたばかりの子を含む三人の幼子を抱えた母としての決断でもあった。

私自身、戦時中の母との思い出が、平和行動の一つの原点となっている。

――疎開先の家の近くに、パラシュートで落ちてきたアメリカ兵がいた。空爆に来た一機が高射砲で撃たれ、墜落したのだ。若い兵士は、群衆から殴られ、蹴られたあげく、目隠しをされ、憲兵に連行されていった。その様子を聞いた母は言った。

「かわいそうに！　その人のお母さんは、どんなに心配していることだろうね」

いかなる状況にあっても、「生命を慈しむ心」を忘れず、「他者の苦しみを思いやる心」を手放さないのが、母たちであり、女性たちであろう。

「愛する地域で人のために」と貢献

岐阜県では、「男女共同参画計画」を堅実に進めておられる。「人の力を合わせる」など、明確な基本目標を掲げての取り組みは、素晴らしい。

私の創立した学園の卒業生の一人も、多治見市で子育てネットや図書ボランティア、ＰＴＡ活動などを積み重ねながら、この「男女共同参画」を地域の方々と推進している。先日、その近況を伝えてくれた。

ローザ・パークス女史と会見（1994.5　東京）

二児の母である彼女は、「愛する地域に根を張り、その中で光り、人のために尽くしていくことが、『平和の文化』の構築になると確信しています」と爽やかに語っている。

私と妻が敬愛してやまないアメリカの人権の母ローザ・パークスさんは、人種差別の嵐が吹き荒れた五十年前、バスで白人に席を譲れと強要された時、「ノー」と勇気ある声をあげた。これを機に、「バス・ボイコット運動」が開始され、平等の公民権が勝ち取られていったのである。

「青年に、一言、アドバイスを」と尋ねた日本の女子学生に、パークスさんは微笑みながら答えられた。

「相手を『人間』として最大に尊重し、対話を通して、その人をよく知ることだと思います」

対話こそ、人を結び、人を活かしゆく光である。

（岐阜新聞　２００５年９月４日）

思いやり社会の創造を

「希望。これこそ人生の秘密兵器です！」

私が親しくしていただいた、アメリカのノーマン・カズンズ氏の言葉である。ジャーナリストであり、哲学者であり、医学者であり、日本の「被爆乙女」の治療にも奔走されたヒューマニストであられた。

人生をかけて〝希望がどれほど人間を心身ともに開花させるか〟を証明しようとしておられた。

しかし今、希望はどこにあるだろうか？

ロシアの児童文学作家、アルベルト・リハーノフ氏が、こんな話をしておられた。

「衝撃的な事件がありました。少年による殺人事件です。フランスのある町に、そこを拠点としているロシア人実業家がいました。彼の息子である少年が父と継母、継母の両親、訪問客二人を射殺してしまったのです……」

ソ連崩壊の後、〝拝金主義〟が広がり、社会のモラルも急激に崩れてしまったと、憂慮されていた。

蔓延する暴力。すぐに「キレて」しまう若者たち。ロシアだけではなく、これは世界的な傾向である。日本も、もちろん人ごとではない。いったい何が起こっているのだろうか？

リハーノフ氏は《それは、子どもたちが苦しんでいる表れだ》と言う。何に苦しんでいるのか？

「……少年は、ありあまる金を持っていたそうです。しかし、幸福はお金では買えません！　あとからわかったことですが、大人たち、とくに父親が、少年の成績が悪いことや、太っていること、フランス語がへたなことをあげつらい、少年をバカにしていたのです。大人の罪です。『金さえ与えておけば、大人は何をしても許される』という、若い人をバカにした考えに原因があるのです」

少年が心の底からほしかったのは、お金ではなかった。

「今、青少年だけでなく、幼い子どもまでが苦しんでいるのです。『何のために生きるのか』『どう生きるべきなのか』わからないから、苦しくてたまらないのです！」

リハーノフ氏の言う通り、おそらく少年には深い渇きが、魂の飢えがあったのだろう。

「あんな生き方をしたい」という模範が見えなかった。

ゆえに、「何のために」勉強するのかもわからなかった。お金はある。家もある。しかし希望がなかった。自分をありのまま受け入れてくれているという安心感もなかった。

心が希望で燃えているとき、人は暴力的にはならない。生きる意味が見いだせず、心が空っぽになるとき、言動がささくれ立ってくる。何が必要なのだろうか？

ある非暴力の闘士の一言が、思い起こされてならない。

「暴力的な行動に出る子どもの多くは、『だれも自分を大事にしてくれない。自分が何を感じているか、注意を払ってくれない』と苦しんでいるようです」

アメリカのビンセント・ハーディング博士の言葉である。あのキング博士の盟友であられた。一九九四年の一月だった。ハーディング博士は熱く語っておられた。

「大人の責任です。『人への思いやり』を、家庭でも、社会でも、大人が実行していかなければなりません！」

「愛される」人から「愛する」人に

ヘルマン・ヘッセの名作のひとつに、メルヘン『アウグストゥス』がある。アウグストゥスとは主人公の少年である。少年が生まれた時、お母さんは、不思議なおじいさんから、子どもに対する願いをひとつ叶えてあげると言われる。母は迷ったあげく、〝だれからも愛される人に〟と願う。

願いどおり、少年を、だれもが大事にしてくれた。何不自由ない生活だった。ちやほやされるのが当たり前となり、彼は冷たく傲慢な人間になっていった。

それでも、だれもが親切だった。その好意さえ、うとましく愚かに思えた。貪欲になり、派手に遊んでみたが、いらいらと心の空虚は増すばかり。ついに〝自殺してみせ、知人をみんな驚かせてやろう〟と考えるまでに行き詰まってしまった。

死のうとしたまさにその時、あの不思議なおじいさんがやってきた。おじいさんに彼は、今度は反対に〝人々を愛せるようにしてください〟と泣いて頼んだ。

彼の生活は一変した。だれもかれもが、彼のこれまでの生活をののしり、ついに投獄された。出獄したとき、彼は醜く老いていた。一杯の水を乞うても、冷たくあしらわれた。

けれども彼は、邪険にされても、だれもが、いとおしく思えた。学校へ急ぐ子どもたち、ひなたぼっこする老人、疲れて家路をたどる労働者……だれもが自分の家族のように思えた。

世界をさすらいながら、不幸な人に尽くしながら、彼の心は温かだった。もう虚しくはなかった。彼は幸せになった。*1

――こういう物語だが、現代人の多くは、前半生のアウグストゥスを理想として生きてはいないだろうか。

人に大事にされる人生を目指して、地位や富を求め、それに成功すれば傲慢となり、失敗すれば敗北感を抱く。その結果、どちらも心が貧しくなっているのではないだろうか。それなのに、なおも子どもたちに同じ生き方しか示せないでいるのではないか。

子どもは「世の宝」の存在

しかし、別の生き方もある。

昔、ウィーンの新聞に、一人の母の手紙がのった。彼女の子どもは生まれつき障がいをもっていた。

「私は当時十八歳でした。**私は子供を神さまのように崇め、かぎりなく愛しました**。母と私は、このかわいそうなおちびちゃんを助けるために、あらゆることをしました。が、むだでした。子供は歩くことも話すこともできませんでした。でも私は若かったし、希望を捨てませんでした。私は昼も夜も働きました。ひたすら、かわいい娘に栄養食品や薬を買ってやるためでした。そして、娘の小さなやせた手を私の首に回してやって、『おかあさんのこと好き？　ちびちゃん』ときくと、娘は私にしっかり抱きついてほほえみ、小さな手で不器用に私の顔をなでるのでした。そんなとき私はしあわせでした。どんなにつらいことがあっても、かぎりなくしあわせだったのです[*2]」

　およそ、この世に、彼女の娘ほど非力な存在はなかったであろう。

　しかし人間は、ただ「能力がある」から尊いのではない。社会に「役にたつ」から偉いのではない。だれであろうと、その人がその人であるというだけで《かけがえのない》存在なのである。小さな娘が、それを教えてくれた――。

　私の知人にも、お子さんが心身にハンディをもつ方は少なくない。どんな

2008.7　東京

に悩まれたか、うかがいしれないものがある。その苦闘の中、ある母はこう言われた。

「あの子が私に、人生の真髄を教えてくれたのです。あの子がいなかったら、私は、いのちの本当の尊さもわからなかった。人をうわべで判断するような傲慢な人間のまま、人生を終えていたかもしれません。あの子が教師だったのです。私たちに、それを教えてくれるために、わざわざ、あの子は、苦しい姿をとって生まれてきてくれたんです」

私は思う。この子らの実像は、断じて「障がい児」などではない、生命の尊さを教えてくれる「世の宝」であると。

むしろ、この宝の子らを最優先して大事にできない社会のほうこそ「障がい社会」ではないだろうか。

最も弱い立場の人に奉仕せずして、何のための知識か。何のための富か。何のための権力か。

埼玉に輝く民衆勝利の歴史

《人を自分に尽くさせよう》という生き方。そして《自分が人に尽くそう》という生き方。両者が激突した歴史が、埼玉にはある。

明治三十五年（一九〇二年）、政府が、埼玉の利島村と川辺村をつぶして「遊水池」にしようとした。両村は現在の北川辺町である。

背景に、あの「足尾鉱毒事件」があった。明治政府は、この公害問題をうやむやにするために、栃木県谷中村とともに、埼玉県の両村を買収して「遊水池」にし、そこに鉱毒水を貯めようとしたのである。エリートの私利私欲で、民を犠牲にしようという邪な計画であった。廃村の危機だった。

ここは、利根川と渡良瀬川の二つの川に囲まれた三角地帯である。洪水が多い。この年の夏の洪水で利根川の堤防も決壊していた。しかし県は修復しようとせず、水びたしで農作業もできない。買収に応ぜざるをえないよう、村を追い詰めるためであった。

この時、鉱毒事件のために一身を賭していた義人・田中正造翁が、激励に駆けつけた。そして、村人は相談の結果、計画に「ノー!」を叩きつけたのである。

「県が堤防を修復しないのであれば、われわれが自力で直す。その場合、国に対して、納税を拒否する! 兵役も拒否する!」

断固たる覚悟の宣言であった。

それは、インドのガンジーの闘争にも通じる「非暴力・不服従の戦い」であった。県はあわてて堤防の修復を始め、計画は立ち消えた。歴史に特筆すべき《民衆の勝利》であった。

田中正造翁は、当時の大学を「腐敗の淵源」と呼んでいた。卒業生の多くは、知識はあっても思いやりはなく、社会的な力があるのに、その力で、我が身を飾ることしか考えない。こんな大学ならば全廃せよとまで書いておられる。*3

そして自身は、他人のために生命をすり減らして生きることを「ああ、うれしや」「うれしき御事」と喜び、*4 地位も財産も家庭もなげうって、大衆のために、大衆のなかで、大衆に学びながら、戦いきって死んでいかれた。《我が身を飾る》生き方と正反対の《我が身を燃やす》生き方であった。埼玉の人々は共戦した。

今、北川辺町の西小学校には、田中正造翁の墓がある。翁の恩徳を慕った村人が分骨してもらったのだという。同小学校には、翁が埼玉でしたためた自筆の和歌も残されているそうである。

「教をは（ば）　おさな心に　おさむべし
　老て我身の　罪に悔るな」

人間としてどう生きるべきか、幼い心にこそ教えを刻んでいけというのである。人間教育である。

ともあれ、「思いやり」とは「思いを遣る」、つまり思いを他の人まで差し向けることである。慈愛を馳せることである。思いを遠く遣った分だけ、わが心は広がる。心が大きく広がった分だけ、たくさんの幸福を入れられる。だから、子どもたちの幸せを願うならば、人に尽くす生き方を教えるべきだ。

埼玉に、私は、青春時代から苦楽を分かち合ってきた友がたくさんいる。その友人たちに敬愛を込めて一首、贈ったことがある。

「埼玉の　人間博士の　君なれば
　悲劇の人をば　喜劇に変えゆけ」

人間博士――中国返還前の香港に、「菩薩」と慕われたイギリス人の女性教育者がいた。半世紀を香港の人に尽くしたエルシー・トゥさんである。素晴らしい方だった。子どもたちに、いつも語っておられた。

「幸せになりたければ、善いことをしなさい。なにか他の人にしてあげられることがあれば、『私にやらせてください！』と名乗り出ましょう。それを先に延ばすことは、幸せになるチャンスを、みすみす逃がすことなのよ」

まず大人から、まず自分自身から始めたい。

「今日一日、自分は、どんな『幸せになるチャンス』をつかめるだろうか」と毎日を楽しみながら。

（埼玉新聞　２００４年１月１５日）

＊１　『メルヒェン』高橋健二訳、人文書院、参照

＊２　V・E・フランクル『それでも人生にイエスと言う』山田邦男・松田美佳訳、春秋社

＊３　田中正造全集編纂会編『田中正造全集10』岩波書店、一部表記を改めた

＊４　田中正造全集編纂会編『田中正造全集11』岩波書店、一部表記を改めた

子どもの幸福のための教育

「私たちの国には、『子どもは人生の花である』ということわざがあります。子どもは、本当に花のように美しい存在です」

二〇〇五年にお会いしたベラルーシ共和国のバラノヴァ総長（ミンスク国立言語大学）が、慈母の如くに語っていた言葉である。

子どもたちの笑顔こそ、私たちの心を大きな喜びで満たしてくれる花であろう。

人材山脈の福島県が生んだ、郡山出身の文化研究家・石井研堂先生は、「少年雑誌の草分け」としても名高い。子ども向けの理科の読み物を多く執筆され、未来の科学者たちを啓発した。ノーベル物理学賞を受賞した朝永振一郎博士も、その著作との出合いを懐かしく振り返っておられた。[*1] 良書は精神の宝である。

若き心の大地に蒔かれた良き種は、大樹と育つ。

私も二十一歳の頃、師が経営する小さな出版社で、少年雑誌の編集長を務めた。戦後の混乱期の貧しい時代である。だからこそ、少年少女たちには、希望をもって強く明るく生き抜いてほしいと、私は心から願った。そのためならば、どんな苦労も厭わぬ決心で、編集に勤しんだものだ。

私たちの世代が受けてきた教育は、一言で言えば「戦争のための教育」であった。その教育の狂いの結末が、あの悲惨な六十年前の敗戦である。

この六十年間で、子どもを取り巻く環境は著しく変わった。物質的な面では、比べようもないほど豊かになった。しかし、人間の心は豊かになっただろうか。教育の目的も、そこにこそあるはずだ。

「子どもの幸福のための教育」――この原点に、学校も地域も家庭も、常に立ち返るべきではないだろうか。

光る「ふくしま子ども憲章」の制定

県では、子どもたちの人間性や社会性を育むために、「〝あったかハート〟アクションプラン」を推進しておられる。

その一環として、二〇〇四年「ふくしま子ども憲章」が制定された。県内の小中学生から募集し「子どもたちの、子どもたちによる、子どもたちのための宣言」として決定したとうかがった。

この画期的な憲章では、「命を大切にする」「ありがとうの気持ちを忘れない」「友だちや家族を大切にする」「夢に向かって努力する」「読書で心を豊

バラノヴァ総長〈左〉を少年少女たちと歓送（2005.2　東京）

かにする」「社会の一員として人の役に立つ」の六項目が謳われている。その一項目を考えた、小学三年生の児童は、こう書いていた。

「いじめられている友だちがいたら助けてあげます。泣いている小さい子がいたらなぐさめてあげます。重いにもつをもっているおとしよりがいたらぼくがもってあげます」

この清らかな心を、まっすぐに伸ばしていける、平和な二十一世紀を築いていきたい。そのためにも、大人自身が社会の矛盾や悪と対峙して毅然と生き抜くことが大切ではないだろうか。

マハトマ・ガンジーは言った。

「最も苦しんでいる人のために、自分は何ができるか。それを常に自らに問いかけよ」

私たちも、こう問いかけるべきではないだろうか。「子どもたちの未来のために、今、自分は何(なに)ができるか」と。
励(はげ)ましの光と深い精神の滋養(じよう)を得(え)て育(そだ)つ子どもは、希望の大輪(たいりん)の花を咲(さ)かせゆくにちがいない。

(福島民報　２００５年４月24日)

＊1　『朝永振一郎著作集1』みすず書房、参照

人間・宮沢賢治に想うこと

「大きな勇気を出してすべてのいきもののほんたうの幸福をさがさなければいけない」[*1]

岩手の誇る宮沢賢治が逝いて七十年。その叫びを想い起こすのは、私一人ではあるまい。

彼は教師らしい人間であった。人間らしい詩人であった。詩人らしい文学者であり、科学者であった。そして、真に人間らしい人間であった。三十七年の短い生涯のなかで、夜空に輝く星々のごとく不滅の作品を残している。

私が宮沢賢治の文学を本格的に読んだのは、終戦後まもなくであった。賢治に熱中していた友人が、強く勧めてくれたのである。

生前、作家としては不遇であった賢治の才能が、岩手日報によっていち早く見出され評価されていたという歴史も、私の心に印象深く刻まれている。

偉大な文学は、偉大な郷土から生まれる。賢治の豊かな文学は、岩手の豊かな精神の大地なくしては育まれなかったであろう。

賢治が願った「本当の幸福」。それは、自分一人のものではなく、遠い別世界にあるのでもない。

自分のいる場所——愛する町や山河のある郷土で、自分と他者が一緒に築くものであった。

これこそ、彼が探求してやまなかった「法華経」の哲学である。

賢治が描いた夢の国「イーハトーブ」も、完全無欠な理想国というより、人々が現実を変革し、幸福を実現してゆく手本の舞台であるように思える。

「グスコーブドリの伝記」では、東北の冷害の歴史を投影するように、飢饉で家族を奪われたブドリが主人公である。彼は、再び飢饉の不安が高まった時、苦しんでいる人を放っておけない。そこで、気温を上げるために、身を捨てて火山を噴火させる。一人の勇気がイーハトーブを救うのだ。

賢治は、イーハトーブとは故郷の岩手県であるとも明言している。してみると、美しき岩手の郷土を愛し、民衆を愛し、励まし合って生きる人々がいるところ、いつでも賢治の夢は輝き躍動しているのである。

その賢治の夢は、世界に共鳴を広げている。私も、アメリカの中国文学研究の第一人者ワトソン博士などとの対話で、賢治を巡って語り合ってきた。「雨ニモマケズ」に感銘した、韓国や中国、インドの方々からも、「こんな日本人がいたのか」等の驚嘆の声を聞く。

私が創立した創価学園の生徒たちが、ＩＳＳ（国際宇宙ステーション）とインターネットで結んでの「宇宙授業」に参加した。司会を務められたのは、宇宙飛行士の毛利衛さんである。毛利さんは、最初の宇宙飛行の時、賢治の「生徒諸君に寄せる」をノートに書き写して持っていかれたという。

その一節に、こうある。

「諸君はこの時代に強ひられ率ゐられて
奴隷のやうに忍従することを欲するか　むしろ諸君よ更にあらたな正しい
時代をつくれ
宙宇は絶えずわれらに依って変化する」[*2]。二十一世紀こそ、賢治の夢を実現しゆく「あらたな正しい時代」をつくりたいものである。

（岩手日報　2003年8月8日）

＊1　『宮沢賢治全集8』筑摩書房
＊2　『宮沢賢治全集2』筑摩書房

輝く「人間教育」の源流

「青年の磁石」――。魯迅先生のことを、許広平夫人はそう呼んだ。[*1] それほど、青年をひきつけてやまぬ魅力ある指導者であった。その行くところ、語るところ、書くところ、常に若き血の沸騰が起こった。

文豪、思想家、革命家……さまざまに形容される魯迅先生の巨大な生涯のなかでも、私は「教育者」の側面に強くひかれる。

「血の一滴一滴をたらして、他の人を育てるのは、自分が痩せ衰えるのが自覚されても、楽しいことである」[*2] とは先生の気概であった。

二〇〇〇年の春、創価大学に子息の周海嬰氏をお迎えした。その折、氏が言われていた。

「父は、文学を通して、人間の思想を変えようと考えました。つまり『人間教育』です。文学もまた教育なのです」

厦門大学で教鞭をとっていた時である。学生が、貧しい子どもたちのために「平民学校」を開いた。魯迅先生も開校式に招かれた。

先に登壇した権威的な教授は、「召し使いが文字を知れば主人が喜ぶ」などと、民衆を蔑視した発言をした。

魯迅先生が次に立った。気迫の声が轟いた。

「あなたがたを永久に奴隷のように使える、そんな大きな権力をもつものはどこにもいません」「あなたがたは決心するかぎり、奮闘するかぎり、かならず成功し、かならず前途があるのです！」

嵐のような拍手が会場を揺るがした。*3

あの「寸鉄人を刺す」筆鋒は、深遠な人間愛に根ざしていた。けだし、深く人を思わなければ、深く怒ることはできない。

「人間の尊厳」勝ち取る正義の魂

鋭敏な青年を信服させる魯迅先生の〝磁力〟――それは「人間の尊厳」を断じて勝ち取らんとする烈々たる正義の魂から発した。そして、その一つの淵源に、福井出身の信念の教育者・藤野厳九郎先生との師弟のドラマがあったことは、あまりにも有名である。

藤野先生は、留学生である魯迅青年のために、講義ノートを懇切に添削し続けた。彼の好成績を妬んで〝試験問題が漏洩した〟などと中傷した陰湿な学生もいたようだ。しかし、真剣な師弟の薫陶と信頼の前には、悪意の流言も立ち消えた。

ノートは、魯迅青年の無二の宝となった。のちに彼は、藤野先生の写真を自宅の壁に掲げ、見上げては勇気をたぎらせ、破邪のペンを揮ったのだ。隣国の「文学の大英雄」を最も感激せしめた師こそ、藤野先生であった。その人間教育の真髄に、雄々しき「福井の心」を見出すのは、私一人ではあるまい。

少年の日、藤野先生は、福井藩校出身の恩師から漢文を学び、「中国の先賢を尊敬し、中国の人々を大切にする心」を胸に刻んだ。晩年の戦時中も、「中国は日本に文化を教えてくれた先生だ。こんな戦争は早くやめなければならない」と憤慨されていたと伺った。

福井の歴史には、人間の道、報恩の道、正義の道、平和の道を歩み通した先哲たちの足跡が、なんと神々しく光っていることか。

魯迅先生は叫んだ。

「真実を語るにはむろん大きな勇気が必要である。その勇気がなく、虚偽の上にかりそめの生をむさぼる人間には、新しい生命の道は開拓できない」*4
日中の尊貴な精神の交流を偲ぶ「魯迅展」が、源流の天地・福井で開催される意義は大きい。（二〇〇四年三月五日〜三月十四日）
「青年の磁石」は、百年という歳月を経て、いやまして強力だ。いま再び、日中の「心」を強く結びあいながら、若き友情と希望の大道が開かれゆくことを念願してやまない。

（福井新聞　2004年2月26日）

*1　『許広平憶魯迅』広東人民出版社
*2　石一歌著『魯迅の生涯』金子二郎・大原信一訳、東方書店　『両地書　第二集』の一節
*3　石一歌著『魯迅の生涯』金子二郎・大原信一訳、東方書店　陳夢韶「魯迅在廈門的演講」『中国現代文学資料叢刊』
*4　『魯迅文集1』竹内好訳、筑摩書房

地域の力 女性の力

私の机に、手づくりの小冊子が置かれている。題は「千葉県なんでも日本一」。郷土を愛する青年が調べて届けてくれた。

落花生、梨、水産加工品、醤油などの生産量。埋蔵文化財、登録博物館の数……。千葉県の日本一が次から次に挙げられている。「健康長寿」の指標とされる「お達者度」も千葉が日本一だ。

先日、文科省の行った「体力」の調査でも、千葉の中学生が男女ともに日本一と発表された。千葉には、豊かな大地と海の恵みがある。躍動する産業の息吹があり、奥深い歴史と文化がある。そして、未来へ健やかに伸びゆく若き生命と、人生の長者たちの明るい笑い声がある。

千葉を愛する一人として、本当に嬉しい限りだ。

若者たちが支える〝夢とロマンの王国〟

日本一の入場者数を誇る東京ディズニーランドも、千葉の名所である。一九八三年の開園以来、隣接するディズニーシー等と合わせると、来園者は、のべ七億人にのぼる。実は私も二十二年前に、お邪魔したことがある。建設に中心的な役割を果たされた、三井不動産の江戸英雄会長（当時）からお招きを頂き、懇談したのである。

短時間ではあったが、活況を呈する人の波のなかで、生き生きと働く「キャスト」（従業員）の方々の爽やかな笑顔に、その魅力の秘訣を見た。

1987.11　千葉

そこには、来園者の一人一人を大切にする真心と「喜んで帰ってもらいたい」という情熱、わが仕事への誇りが光っていた。

私は深い感銘と感謝を込めて署名録に記した。

「全世界の少年少女の
夢とロマン
〝平和〟の〝金の城〟の
永遠の栄光を祈りつつ」

試練の時代にこそ人間の心が試される

世界経済の危機の荒波は、いまだ収まらない。

しかし試練の時代にこそ、見えてくるものがある。大経済学者ガルブレイス博士と一致した対話が思い起こされる。

一点は、経済を動かしているのも「人間」である。どんな逆境にあっても、人間さえ、しっかりしていれば、必ず反転と復興と飛躍ができる。

一点は、不景気の時こそ、「人生で真に達成する価値のあること」に目覚めゆくチャンスである。さらに、もう一点は、他者への「思いやり」こそ、人間を動かす最も大切な原動力である、と。

博士は、こうした「より高い充実と満足の人生」への移行のモデルを、日本に示してほしいと期待されていた。その変革の出発点こそ、わが地域であり、郷土であろう。

千葉県の取り組みには、他者への温かな眼差しと、時代を先取りした地域発のユニークな知恵がある。

例えば——

①日本初の障がい者差別の撤廃条例の施行

②安全で安心な街づくりの基本方針の実現

③ドクターヘリの県内２機目の配備
④いわゆる「千産千消」の農漁業の拡大
⑤「日本一の健康県ちば」の推進

など——。学ぶべき視点は多い。とくに「人々のために自分のできることを」という尊き「ボランティア精神」は、地域の絆を強め、再生させる力だ。鎌ケ谷市の青年の有志は、夜間の防犯パトロール隊を結成して、若き力を糾合し、街の安全を真剣に守っている。さらに老人会、民生・児童委員、町会、商店会、ＰＴＡの役員など、各地で貢献される友の活躍もよく伺っている。

日本で最初に住宅団地が誕生したのも、千葉県の八千代市であった。新しく建設されたマンションや団地で、自治会の活動などを積み重ね、互いに支え合う共同体づくりも、誠に貴重である。

日頃の地道な交流が、いざという時に、どれほど大きな安全と安心をもたらし、力を発揮するか。阪神・淡路大震災等でも、目の当たりにしてきた。

地域の活力育む「思いやる心」「学ぶ心」

なかでも、聡明な「女性の力」は大きい。千葉県が全国の病院に先駆けて導入した「女性外来」の開設も、女性の声によく耳を傾けた成果であろう。この取り組みには、米国のコロンビア大学より、女性の健康・医療への貢献を讃える「アテナ賞（国際部門）」が贈られている。

コロンビア大学といえば、一九九六年、私は、「世界市民」教育をテーマに講演を行った。

そこでは、釈尊と同時代の勝鬘夫人という女性リーダーに光を当てた。この女性は慈母の如く、孤独な人、虐げられている人、病や貧困で苦しみ悩む人々のために献身していった。

その行動の中心は、「愛語」すなわち思いやりのある優しい言葉をかける「対話」であった。

誠実な対話は、相手の良さを引き出し、その力を開花させゆく契機となる。とともに相手から新しいことを学び、自分自身の生命も豊かにできる。

近隣で互いに声をかけ、励まし合い、一緒に力を合わせていく「対話」と「交流」と「参加」の輪を広げゆくことで、地域は活力に満ちた「学びの広場」となるのだ。

「世界市民」教育といっても、遠くにあるのではない。愛する郷土の人々と、共に成長し、向上しゆく日常生活の場こそ、最も大事な、教育の原点なのである。千葉日報社が、創刊五十周年事業として創設された「千葉教育大賞」は、まさに「学びの心」を大きく育てながら、地域の人間力を薫発しゆく取り組みとして高く評価されている。

地域に深く根差した良質の活字文化こそ、社会の教育力の黄金の柱だ。

太陽のような心で未来を照らせ

〝安房の国は日本の中心のごとし〟とは、十三世紀、千葉の天地が生んだ日蓮の宣言である。

この千葉の大先哲は「人のために灯りをともせば、自身の眼前も明るく照らされる」と記した。身近な他者に尽くそうとする〝心の光〟こそが、自らと郷土の未来を赫々と照らしていくのだ。

私の知る船橋の御家族は、突然、お父さんが脳梗塞で左半身麻痺となった。先の見えない、長いトンネルのような在宅介護の生活が始まった。

家族から笑いが失われた時、お母さんは「まず、私が太陽になろう！　何があっても太陽の明るさでいこう」と心に決めた。そして大変なリハビリの苦労も、くよくよせずに、一日一日、夫と娘さんと、ユーモアあふれる絵日記に残しながら乗り越えてきた。その姿を通して、同じ悩みを抱えた友を励まし、元気づけ、地域に貢献を続けている。

「宿命を使命に変えた私たちには、希望があります」と、母は朗らかだ。

アメリカの文化人類学の母マーガレット・ミードさんは言った。

「思慮深く、献身的な人々の小さな集まりが世界を変えていくことを疑ってはならない」

時代を変える力は、地域の庶民の結合である。

きょうも、世界に開かれた太平洋の大海原から旭日が昇る。

六百万人の県民を擁する千葉県の日本一、明るく活力あふれる大発展を、私は心より祈りたい。


（千葉日報　2009年3月16日）

平和・人権・共生

平和市民の力で核なき世界を

広島は、平和を願う「世界市民」の故郷である。広島こそ、未来を照らす「平和市民」の永遠の都なのである。

私が対話した各国の識者たちも、広島への訪問によって「人生が一変した」と言われていた。

統一ドイツをリードしたヴァイツゼッカー初代大統領は語られた。

「広島以上に平和への強い気持ちをかき立ててくれる街は他にはありません」*1

私も、青年時代から全く同じ心情であった。ゆえに「世界の指導者、なかんずく核保有国のリーダーは広島を訪れ、原爆の悲劇を直視すべきである。広島に集まって、核廃絶への会議を重ねてもらいたい」と主張してきた。

二〇〇八年九月、広島で歴史的な「Ｇ８下院議長会議」が開催された。核保有国である米ロ仏英をはじめ立法府のトップが広島で一堂に会し、ＮＰＴ（核拡散防止条約）の堅持など、平和と軍縮に向けた討議が真摯に行われたことは、誠に意義深い。

また八月六日、広島の平和記念式典には、最多となる五十五カ国の大使らが参列した。原爆資料館の外国人の入館者も、前年（二〇〇七年）一年間で十七万人を超え、最高記録を更新している。

いかなる運動にも旗印がある。「広島」という旗印を皆で護り、大切にしていくことが、人類の平和の命脈である。

広島の悲劇から六十数年が経つ。にもかかわらず軍縮は、遅々として進まず、むしろ核拡散の不気味な暗雲が色濃く垂れ込めている。その中にあって、世界の良識が希望の光明を見出すのは、広島の平和市民の断固たる声だ。

国際通信社インター・プレス・サービスからインタビューを受けた折にも、真っ先に問われたのが、二〇二〇年までに核廃絶をめざす平和市長会議の「二〇二〇ビジョンキャンペーン」の意義についてであった。

絶え間ない広島の努力に呼応して、核兵器に依存した安全保障からの脱却を求める動きも始まっている。それは、アメリカの元国務長官のキッシンジャー博士らが共同提案したように、冷戦時代に政権を担った米ソの首脳からも主張されるまでになってきた。

洞爺湖サミット（二〇〇八年七月）でも、「すべての核保有国に透明な形で核兵器を削減するよう求める」と、史上初めて首脳宣言に明記された。

軍縮の分野でも、市民社会が積極的な役割を果たして、大きな成果が生ま

1985.10　広島

れた。ＮＧＯが軍縮に熱心な国々と協力し、二〇〇八年の五月、ダブリンの国際会議で採択に至った「クラスター爆弾禁止条約」である。民間人を無差別に殺傷し、復興をも困難にする〝悪魔の兵器〟の早期禁止を提唱してきた一人として、関係者の尊き尽力に敬意を表したい。

旧ソ連邦のウクライナは、世界第三位の保有量であった核兵器を、独立後の五年で完全に解体した。二〇〇五年、広島を訪問したユーシチェンコ大統領は、この核放棄について問われて答えた。

「こんな危ないものからは、出来るだけ遠くにいるほうが安心だと感じる無数の庶民の気持ちと同じです」

命が最も大切だ。危険な核兵器はいらない。この素朴な庶民の叫びこそ、一番、強いのだ。歴史を振り返れば、堅牢と見えた奴隷制度も、アパルトヘイト（人種隔離政策）も、東西の冷戦構造も崩壊した。

核廃絶も、平和市民の力を粘り強く結集する中で、必ずや実現できないはずがない。

私たちは、二〇〇八年の春、二〇一〇年のNPT再検討会議・準備委員会の関連行事として、ジュネーブの国連欧州本部で「核廃絶への挑戦展」を開催した。その会場からは、彼方に名峰モンブランが見える。核廃絶も遠い目標と思える。「しかし私たちは断じて前進を！」と国連高官は語っていた。

NGOの主導で〝核兵器の非合法性を人類の規範に高めよう〟という運動も力を得ている。NGOが起草した「モデル核兵器禁止条約」の改訂版が国連の公式文書になったほか、カナダのパグウォッシュ・グループによる「北極の非核地帯化」の提案も注目を集めている。

核兵器と人類は共存できない

戦後日本の言論界にあって、「核兵器と人類は共存できない」との主張を、先頭に立って訴え続けてこられたのが「中國新聞」である。十代の友がつくる平和新聞「ひろしま国」の取り組みも素晴らしい。

「G8下院議長会議」に寄せる〝僕らの提言〟として紹介された、広島での「子どもサミット」の開催にも、私は大賛成である。

IAEA（国際原子力機関）のエルバラダイ事務局長は、私に強く訴えられた。「どんな肌の色であれ、人種であれ、宗教であれ、私たちには同じ希望がある。同じ志がある。若い人々がそのことを自覚し、気づいてくれることが、私たちの『未来』であり、『唯一、人類が救われる道』なのです」と。

一九五七年の九月八日、私の恩師は「原水爆禁止宣言」を発表した。

この宣言の核心も「核兵器の廃絶は青年の双肩にかかっている」という点にあった。

アインシュタイン博士が発見した、エネルギーと質量に関する方程式[*2]「$E=mc^2$」は、核の強大な力を解き放った原理である。

私はこれを敷延させて強調したい。

万人の生命が持っている偉大なエネルギーを、人類の幸福のために解き放ち、万波と広げゆく「平和の方程式」を、今こそ確立しゆく時であると。

広島の方々は、今日まで、たゆまず時代転換の挑戦を続けてこられた。

そして今、この「広島の心」は、着実に次代の若き平和市民へ受け継がれている。

「広島の未来」を育てること。それこそが「核なき世界」への希望を育てることである。


（中國新聞　2008年9月8日）

＊1　中日新聞社編『ヴァイツゼッカー日本講演録　歴史に目を閉ざすな』永井清彦訳、岩波書店
＊2　〈「エネルギー（E）は質量（m）に光速（c）の二乗を掛けたものに等しい」という方程式〉

北東アジアの新時代へ

「人間は、『道』をつくらなくてはいけない。何かの分野で『道』をつくるのだ」

これは、モンゴルのエンフバヤル大統領が大切にされている恩師の教えである。大統領とは、この十数年来、四度の出会いを重ね、北東アジアに「平和の道」をつくりゆく信条を語り合ってきた。

二十一世紀に入り、北東アジアは、その将来性や潜在力において、EU（欧州連合）やNAFTA（北米自由貿易協定）にも匹敵する地域として、一段と世界から熱い注目を集めている。

しかし、経済面での結びつきは深まっているものの、国と国との信頼の構築という面では、なかなか思うように進展していない。

日本海に広がる友情の道

こうした中、地域の主導によって、たゆみなく「友情の道」を開いてこられたのが、鳥取県の皆様方である。たとえば「環日本海」という視点から、わが鳥取県、また韓国の江原道、中国の吉林省、さらにロシア沿海地方、モンゴル中央県という五つの地域をつなぐ壮大な挑戦だ。

各地の知事らが集ってのサミットも、十二回を数える（二〇〇八年現在）。「持続は力」である。「地域間交流のパイロット・モデル」と高く評価されている。かつて、軍部権力と対決して獄死した私の先師は、日本の地理的位置を「太平洋通り の東百二十丁目から百五十六丁目」と表現した。

このような地球的なスケールに立てば、日本も、韓国も、中国も、ロシアも、モンゴルも、「日本海通り」を挟んで、軒を連ね合う隣人同士である。中国の格言にも、「遠水は近火を救い難し。遠親は近隣に如かず」(遠くの水で近くの火事は救えない。いざという時は、遠くの親類より隣近所が頼りになる)とある通りだ。

鳥取県の環境教育は先駆的

「環境と交流」がテーマとなった二〇〇七年の会合で、ロシア沿海地方のダリキン知事も語られた。

「私たちにとって日本海は共通の海であり、その健康状態は私たち共通の関心です」

鳥取平和文化祭であいさつ（1984.5　鳥取）

黄砂、また海洋汚染や地球温暖化など、いずれも一国で解決できるものではない。しかし、互いの国が〝隣人〟として手を携え、英知を出し合って粘り強く取り組んでいくならば、解決の道は必ず開けるはずだ。

なかでも私が注目したのは、この環日本海のサミットで発表された「環境交流宣言」である。そこには、子どもたちへの環境教育を連携して進めるとの項目が盛り込まれていたからだ。

私もかねてから、環境問題に持続的に取り組むには、青少年の意識啓発が欠かせないと考えてきた。そうした思いを込め、多くのＮＧＯや関係機関と協力して、実現したのが、国連の「持続可能な開発のための教育の十年」である。二〇〇五年にスタートし、各国で取り組みが進んでいる。

この面でも、鳥取県は先駆的な活動を広げてこられた。環境学習会などに講師を派遣する「とっとり環境教育・学習アドバイザー」制度をはじめ、小学生を対象にした環境教育のための冊子づくり、さらに、県内四カ所の「環境学習コーナー」の設置等々、「環境立県」鳥取ならではの活動が光っている。

二〇〇八年の二月には、島根県などとの共催で、「KODOMOラムサール〈中海・宍道湖〉全国湿地交流」が開催された。約百人の小学生・中学生・高校生が集まった、希望の広がる会議には、お隣の韓国からも代表が参加している。子どもは、地域の宝であり、人類の宝である。この若き生命のために、美しき自然と平和な世界を断じて残していかねばならない。

平和学の母エリース・ボールディング博士は、私との対談で、しみじみと語っておられた。

「平和は、たんに危機に対処するだけではなく、お互いが日常的に助け合うなかにあります。家庭、そして地域社会こそが、きわめて重要な平和の出発点なのです」

平和は、一人の人を大切にすることから始まる。生命を尊重する心にあふれた地域社会の建設が、恒久平和の原動力となる。

私も、青年時代から幾たびとなく鳥取県に足を運んだ。「よう、きんさったなあ！」と温かな言葉で迎えられると、ふるさとに帰ってきたような心のぬくもりを覚えるのが常であった。

かの人類の教師・釈尊も、「よく来たね」と親しみ深く語りかける人であったといわれる。

鳥取の誠実な「ホスピタリティー（もてなし）の心」に、どんな差異の氷壁もとかしてくれる陽光を感ずるのは、私一人ではあるまい。

鳥取の友人が、日本海新聞を介して、日韓の友情が深められたドラマを教えてくれた。

――「十年くらい前に鳥取で知り合ったおじさん、おばさんに『ありがとう』が言いたい」と日本海新聞に一通のメールが届いた。ある韓国人の男性が、学生時代にお世話になった夫婦を探しているというのである。

当時、彼は、航海研修で鳥取を訪れていた。ある日、韓国語で声をかけてくれた夫妻と親交が深まり、自宅に招かれて手料理を御馳走になった。出航日には鳥取港まで車で送ってくれ、「立派な航海士に」と激励されて別れたという。

そして、この記事が載ると、読者からの情報が相次ぎ、すぐに夫妻が見つかった――と[*1]。

北東アジアの新時代へ、行政から民間レベルでの交流まで幅広く光を当て、平和のメッセージを発信し続けてこられた日本海新聞の御尽力に、深い敬意を表したい。

友情の心満ち創造力が躍動

過日、お会いしたロシアの文豪トルストイの玄孫ウラジーミル氏は、「未来のために豊かな伝統を大切に！」と強調されていた。

誰もが懐かしい「春が来た」「ふるさと」などの名曲を残した音楽家の岡野貞一も、鳥取出身だ。日本が誇る詩情豊かな鳥取には、人間性あふれる創造力が躍動し、開かれた友情の心が満ちている。

国と国を隔てるのが海ならば、人と人を結ぶのも海である。「環日本海」は、活力みなぎる文明を創出しゆく交流の大舞台だ。

先哲の至言には、「人々の心が清ければ、その国土も清い」とある。

心清く、天も地も清き鳥取は、日本はもとより、北東アジアの平和のふるさととして、いよいよ輝きゆくにちがいない。

（日本海新聞　2008年5月1日）

＊1　日本海新聞2007年9月28日、29日付

長崎は平和行動の原点

「私たちは、世界史のかけがえのない時代に生きています。戦争と苦しみの一千年から、平和と正義と幸福の偉大な未来への境界に立っているからです[*1]」

ライナス・ポーリング博士の忘れ得ぬ言葉である。この歴史の転換への光明を、博士は長崎の心に見いだした。それは「原爆投下の悲劇は長崎で最後に！」という、あまりにも崇高な市民の誓いである。

博士は「現代化学の父」であり、迫害にもひるまず核廃絶に挑んだ「世界平和の闘士」である。二つのノーベル賞（化学賞と平和賞）を単独で受賞した唯一の人でもある。

私との対談集「『生命の世紀』への探求」でも、長崎への思いを語られた。原爆投下までは、博士も、戦争はなくせまいとあきらめていた。しかし広島と長崎の受難以来、断じて戦争を根絶せねばならぬと決心されたのである。

一九七五年の秋、博士はエヴァ夫人とともに、教え子である長崎大学の松田源治教授（当時）ご夫妻の案内で、長崎の平和公園を訪問された。原爆資料館を見学した博士は、核兵器への強い怒りを込めて言われたという。

「科学者は、真理の追究のみにとどまっていてはいけない。科学者こそ、人類の幸福に貢献する存在であらねばならぬ」

八月、その博士の思想と行動を紹介する「ライナス・ポーリングと二十一世紀展」が長崎新聞社で開催される（二〇〇二年八月二日～八月十一日）。

顧みれば、原爆のさく裂で、長崎新聞社の社屋も焼かれた。だが不屈の執

ライナス・ポーリング博士と会見（1993.3　アメリカ・サンフランシスコ）

念で、被爆の翌日にも新聞を発行。日本印刷界の先人・本木昌造氏を生んだ長崎の誇りであろう。実に一カ月後には、自力印刷が再開されている。民衆の灯台として、長崎の平和の叫びを発信し続けてきた、勇敢なる言論の城での展示である。ポーリング博士の笑顔が、私のまぶたに浮かんでくる。

核廃絶を全世界に訴える使命

一九八二年の五月、私は長崎のすべての原爆犠牲者の方々のご冥福を祈り、平和祈念像の前で献花をさせていただいた。

尊き七万四千の命を奪い、七万五千の方々を傷つけ苦しめた魔性の兵器。高さ九・七メートルの巨像を仰ぎながら、私は思った。

「被爆国として核廃絶を全世界に訴えることは、私たちの使命であり、責任であり、権利である」

長崎市と共催し、私たちがニューヨークの国連本部で〝核の脅威展〟を行ったのは、その翌月（六月）のことであった。同展は、核保有国をはじめ、二十四カ国三十九都市で開催され、百七十万人が見学している。モスクワ展には、私も本島等・長崎市長（当時）と出席した。（一九八七年五月）

一九九一年の春、初来日したゴルバチョフ・ソ連大統領は、日程の最後に長崎を訪れた。前年（一九九〇年）の七月、私はモスクワで大統領に「桜の季節に、ぜひ日本へ。そして被爆地へ！」と強く申し上げた。当時、訪日の予定が危ぶまれていたからである。長崎訪問の前、私は大統領と再会し、約束の実現に感謝した。

ゴルバチョフ大統領も献花を行った平和祈念像は、長崎の生んだ大彫刻家の北村西望先生が四年余の歳月を費やされた、渾身の大作である。

私も芸術の至宝・北村先生にお目にかかった。八王子市に東京富士美術館を開館した折、数えで百寿の先生がお祝いに来てくださったのである。

平和祈念像の制作中、ある晩、像の足元にいたカタツムリが、翌朝見ると、なんと像のてっぺんに上っていた。その感動を、先生は詠まれた。

「たゆまざる　歩みおそろし　蝸牛」

「核のない世界」への前進も同じではあるまいか。

私が初めてポーリング博士とお会いしたのは、一九八七年の二月である。サンフランシスコの自宅から、アメリカ創価大学ロサンゼルス・キャンパスまで、八十六歳になる博士が、青年のようにさっそうと駆けつけてくださった。

「一番尊いのは、平和のために行動する人です。世界平和のためならば、私は何でも喜んで協力させていただきます」

血色のよいほおに笑みを浮かべながら、話された。

ご自身も、無数の艱難を越えてこられた。

米ソ冷戦が激化した一九五〇年代、「赤狩り」の嵐のなか、核廃絶に闘う博士は、当局から何度も取り調べられた。パスポートも没収。大学では学科長の地位を追われ、給料も半減。議会からは、証人喚問まで迫られた。

けれども、博士は「沈黙すること」を拒絶した。

一九五七年には、核実験の即時停止を求めるアピールを発表。世界の科学者の賛同の署名は一万三千人に達し、「部分的核実験禁止条約」を締結させる原動力となった。

エヴァ夫人も平和活動家であった。博士が正義の闘争を貫き通したのは、「妻から変わらぬ尊敬を得たかったからです」とニッコリ語られていた。

誠に、聡明な女性こそ平和の光源である。

博士の家には、夫妻しか暗号を知らない金庫があった。戦時中の秘密の研究でも入っているのではないかと推測され、逝去後、母校のオレゴン州立大学で開けられた。そこに保管されていたのは、博士から夫人への愛情あふれる手紙の束であったという。平和の理想に進む夫妻の人生は、明るく朗らかであった。

私の師である戸田城聖・創価学会第二代会長も、戦争中、二年間の投獄に屈せず軍部権力と闘った。そして、博士の核実験禁止アピールと同時期、「原水爆禁止宣言」を発表した（一九五七年九月八日）。これが私たちの平和運動の原点である。

この宣言に奮起して、それまで秘めていた自身の被爆体験を、修学旅行生たちに今なお語り続ける、長崎の尊き友もいる。

長崎の被爆後、十三回以上、核兵器使用の現実的な危機があったと分析される。核廃絶の道程は、希望とあきらめとの闘いだ。

高名な精神科医である博士のご長男は、「私が最も尊敬する父の特質は、勇気。それは未知の海へ恐れなく乗り出し、一切を乗り越えて勝ち抜く勇気です」と言われている。このポーリング博士の人生そのものが、青少年への励ましの人間教育となり、何よりの平和教育となるのではないか。

1982.5　長崎

長崎では二〇〇一年も、高校生が核廃絶を訴え、自主的に「一万人署名」を推進した。長崎には確かな平和後継の流れがある。

大航海時代より、世界に開かれた「文明の窓」長崎。西洋文化も、中国文化も、長崎をめざした。山があり、海があり、港がある。進取の気風があり、寛容の心があり、平和の信念がある。

私が対談を重ねた中国の文豪・巴金先生は、長崎に来て「人民の力は無窮である」という確信を持てたと感謝されている。*2 長崎の命の叫びがあるかぎり、希望は続く。長崎は「人道の勝利の都」だ。

生命の世紀に、長崎から世界へ「平和の鐘」が、いやまして鳴り響くことであろう。

（長崎新聞　2002年7月29日）

*1　ポーリング博士の「ノーベル平和賞」受賞記念講演から（要旨）
*2　『巴金　探索集』石上韶訳、筑摩書房

心のふるさと〝山光〟

忘れ得ぬ一台の写真機がある。

それは、一九五四年の五月二十五日、インドシナ戦線を取材中に、地雷を踏んだ写真家ロバート・キャパ氏が、最期の瞬間まで手にしていたカメラである。

レンズには、地雷の衝撃でヒビが入り、戦場の泥がこびりついたままである。最後のフィルムは、コマ番号「11」で途絶えている。

そこまでは、地雷を探知しながら進む兵士が写っていた。

だが「12」から先のコマは、撮影者の眼が永遠に閉じたことを暗示するように、光は差し込んでいない。二十世紀を代表する報道写真家は、死のその刹那まで、ファインダーから、何を見つめ、何を追い求めてきたのか――。

永遠なる瞬間

ロバート・キャパ氏の戦いは、実弟のコーネル・キャパ氏（国際写真センター創立者）に受け継がれた。〝兄は戦争の闇を撮り、弟は平和の光を撮った〟と並び称される写真家である。兄弟一体の心で「この世界から戦乱と貧困を永遠に根絶せよ！」とのメッセージを発信してこられた。

弟のコーネル氏ご夫妻と、私は幾たびか対談を重ねた。お兄さんのかけがえのない遺品のカメラも、深き友情を込めて、私の創立した東京富士美術館に寄贈してくださった。

兄の実像は、弟というレンズを通して、私の心に鮮やかに映じてくる。

ロバート氏は「人間愛の人」であった。代表作の一枚に、戦地から脱出せんとするバルセロナの疲れ果てた乙女の写真がある。

「兄は、こういう光景を見ると撮らずにいられませんでした」とコーネル氏は言われた。この魂の震えるほどの共感と行動にこそ、彼の人間性の真髄が脈打っていたに違いない。

畑を焼かれ、逃げまどうドイツの農民の写真もある。ある意味で、戦争裁判を百日間続けるよりも、鮮烈に戦争の悪を裁き、人々に訴える力を持つ映像ではないだろうか。

そこには、難民や戦争の犠牲者を突き放すような冷酷さなど微塵もない。被写体と心ひとつに悲しみを分かち合っている。

キャパ家も、ナチスの弾圧から逃れた難民であった。「人を愛すること」は、母から子への教えだったという。

人を愛するロバート氏は、人間のために戦う「勇気の人」でもあった。

「兄は戦場で35ミリのレンズを使っていました。思い切って近づかないと、兄のような、気迫のこもった写真は撮れません。大きな勇気が必要でした」と、弟はいつも感嘆していた。

有名な「撃たれるスペイン共和派兵士」にせよ、ノルマンディー大作戦の「オマハビーチに最初に上陸するアメリカ兵」にせよ、この勇気があればこその一枚だ。

写真は、一瞬の真剣勝負である。ぎりぎりの極限状況を生き抜くなかで、彼は明鏡のごとく生命を研ぎ澄ましていった。

深く苦労した人こそ、深く充実した時を刻むことができる。安閑と惰性にゆるんだ魂からは、人の胸を打つ芸術は生まれまい。

生死の境界線で、命を賭して真実を残さんとした。だからこそ、その写真は「永遠なる瞬間」を刻みつけることができたのであろう。

コーネル・キャパ氏と会見（1990.10　東京）

不滅のメッセージ

永遠を志向するロバート氏は「子供の味方」でもあった。

殉難の直前の春四月（一九五四年）、氏は日本で少年少女を主題にする作品群を撮影している。「未来は子供のものである」という不滅のメッセージを残して、彼は最終の戦場へと日本から旅立っていったのだ。

同時代、子どもの未来を開くために尽くし続けた鳥取ゆかりの女性を、私は思い起こす。戦後、占領軍の兵士と日本人女性の間に生まれた孤児たちのために、「エリザベス・サンダース・ホーム」（神奈川県大磯）を創設した澤田美喜さんである。三菱財閥の本家に生まれ、鳥取出身の外交官（初代国連大使）である澤田廉三氏に嫁いだ。

当時、親から捨てられた、肌の色の異なる子供たちに、あまりにも心ない偏見や中傷が浴びせられた。美喜さんは「髪の毛が逆立つような怒り」を滾らせながら、寄る辺なき子らを護り抜くことを誓った。美喜さんのお嬢さん一家は、私ども夫婦の近しい友人であり、この母の崇高な奮闘を感銘深く伺った。

美喜さんが、毎夏、ホームの子を連れてきたのが、鳥取県岩美町の浦富海岸である。いわれない差別に晒されていた幼き魂を、鳥取の海も人も、なんと優しく温かく迎え入れてくれたことか。後年、ホームの同窓生が、この海辺に集い合い、感動の再会を果たしたことも報じられていた。

アメリカのノーベル賞作家パール・バックは、親友である美喜さんを讃えて言った。

「国籍と人種の異なった人間が、共通の理解と認識のなかで接するとき、広大な海を越えて橋がかけられるのです」「私がいちばん感謝を捧げたいのは、この橋なのです*1」

世界をつなぐ「平和の橋」——それは、まさにロバート・キャパ氏の願いでもあった。写真上達の秘訣を聞かれ、ロバート氏は答えている。

「人を好きになって、それを相手に分からせることさ」*2。彼は写真を撮りながら、人の心に橋をかけ続けたのだ。

平和を願う

殉職したロバート氏の遺体は、アメリカにいた母のもとに戻った。

米政府から、名誉の戦死を遂げた兵士を葬るアーリントン墓地を用意した旨を聞いた時、この母は、きっぱりと拒絶している。

「息子は兵士でなく、平和を願う一人の人間だったのです」

ニューヨークにある彼の墓には、ただ次の文字が刻まれているだけである。

それは、「平和——ロバート・キャパ」と。

近年、ＮＨＫテレビで、キャパ兄弟の写真展が放映された折のことである。私も知る一家族が、たまたま見ていて、自分たちが写っていることに気づいた。かつてロバート氏が大阪城公園で愛情込めて撮影した一葉である。写真の幼子も、時を経て立派な社会貢献のリーダーとなって活躍していた。

後日、このエピソードを聞いた弟のコーネル氏から、その家族に嬉しい手紙が届いた。

「兄ロバートは、他の人々に温かい心をもち、心遣いをすることを教えてくれました。この幸運な出会いを機に、皆様方の一家を私たちキャパの家族にと歓迎します」

「未来の光」へ

鳥取県米子市でも、写真展「ロバート・キャパ　戦争と子供たち――そし

て9・11」が開催される。（二〇〇四年三月二十日〜四月十一日）

鳥取は写真芸術の先進県だ。世界的な写真家であった植田正治先生も、この故郷を誇りとされ、新しい人材の育成に全力を注がれた。

「鳥取は、どこへ行っても美しい。人も空気も最高です。写真家が育つにはいいところです」とは、私の友人に語られた発言である。

私自身も、鳥取を訪問した折、移動の途中にレンズを向けた麗しき山河を忘れ難い。

どっしりと構えた大山の主峰。砂粒が眩しく輝く浜辺。金波銀波に小舟が揺れる小さな港。町に入れば、風格のある白壁の土蔵が清々しかった。水際で釣り糸を垂らしながら、和やかな会話が尽きない太公望たちもいた。

鳥取には、詩情豊かな「自然の光」があり「四季の光」がある。

人間が人間らしく輝く「友愛の光」があり「文化の光」がある。

ゆえに私は、島根県とともに、この日本の心のふるさとを「山光」と呼ばせていただいてきた。

ロバート・キャパ氏は〝戦争写真家〟としての仕事がなくなる日を待ち望んでいた。戦争をなくすためにこそ、戦争を撮ったのである。

残念ながら、戦争の報道写真が不要となる日はまだ来ない。しかし、だからこそ「平和の光」を一段と強めていきたいと思う。

（日本海新聞　2004年3月9日）

＊1　沢田美喜著『黒い肌と白い心――サンダース・ホームへの道』所収、パール・バック「本書に寄せて」日本経済新聞社

＊2　コーネル・キャパ「ボブの子どもたち」『ロバート・キャパ写真集　戦争・平和・子どもたち』河津一哉訳、JICC出版局

東北の挑戦に期待

「『未来』は『今』にあります。将来、実現したい何かがあるなら、今、行動しなければなりません。何かを変えたいと思うなら、まず自分自身から変わらなければならないのです」

二〇〇五年二月、青年たちとお迎えした、ケニアのワンガリ・マータイ博士の言葉である。

地球環境問題の悪化が懸念されるなか、アフリカの緑を守る「グリーンベルト運動」の先頭に立ってこられた女性である。二〇〇四年、ノーベル平和賞を受賞されたことは、世界中に大きな勇気と希望を贈った。

三千万本の植樹は教育の力で

「環境」を守ることは「平和」を守ることだ。

博士は、三十年来、十万人の母たちと力を合わせて、アフリカ各地に三千万本もの植樹を進めてきた。この運動を成功に導いた力は何か。私の問いかけに、博士は明快に「それは『教育』の力です」と答えられた。

つまり、環境の破壊が地域社会にどのような問題をもたらすかを、皆で学び合い理解していった。そして「自分たちにできることを自分たちの周りから始めよう」と声を掛け合い、一人また一人と仲間を広げた。さらにまた、母と子が一緒に苗木を植えながら、「環境を大事にする心」をはぐくんできたというのである。

二〇〇五年からスタートした、国連による「持続可能な開発のための教育の十年」は、私ども日本のＮＧＯも強く呼び掛けを積み重ねて、実現をみたものである。

「環境教育」には、生命を大切にする価値観を深く広く呼び覚ます力がある。ゆえに「人づくり」「地域づくり」「未来づくり」に直結している。

その意義深き挑戦を、日本で先駆的に広げておられるのが、東北にほかならない。

「教育の十年」を担う人材を育成する「東北グローバルセミナー」の開催や、小中学校での地域性に根ざした「環境教育」の推進など、意欲的な取り組みが光っている。

厳しい冬の試練を勝ち越えゆく天地は、いずこにもまして凛とした自然環境に恵まれている。この日本の宝を、世界へ、未来へ、守り残していきたい。

私も折にふれ、その願いを込め、詩情豊かな東北の四季を「自然との対話」

マータイ博士と会見（2005.2　東京）

の写真に収めてきた一人である。

いわれなき誹謗や投獄にも屈せず、信念を貫いてきたマータイ博士は、晴れ晴れと語っておられる。

「太陽も、空も、花も、私たちにほほ笑みかけています。生きることは、それ自体が素晴らしい体験です。そして、青年の未来を開くために行動することは、最高に幸福な人生です」

生き生きと大自然を呼吸し、自らを変革しながら、生命の尊厳をあらゆる暴力から守り抜いていくことは、なんと崇高な人生であるか。この強く正しく生き抜く喜びと誇りを、若き世代に伝えていきたい。

環境教育に関する意識啓発を粘り強く続けてこられた河北新報に、「滅びゆく松林」と題する特集記事が掲載されたことがある。そこには、保全運動に決然と立ち上がった尊き市民の言葉が紹介されていた。

「先祖から受け継いだ美林が大変な目に遭った。黙って見ているわけにはいかなかった」

この魂の叫びは、私の胸に今もって響いている。

「持続可能な開発のための教育」も、このやむにやまれぬ心から始まることを銘記したい。

（河北新報　2005年5月18日）

平和の原点「うつくしま」

福島県は、世界を結ぶ知性の揺籃である。

その一人として名高い歴史学者の朝河貫一博士は、こう綴られた。

「政治家の知恵よりももっとずっと重要なものは、あらゆる国において、一人一人の市民が個人的名誉を尊重し、責任感を持つことであります」*1

第二次世界大戦の初期に、独裁者ヒトラーの魔性を鋭く見破り、その末路を予見していた朝河博士の慧眼である。

一国の盛衰も、平和の動向も、時の為政者に大きく左右される。しかし、それ以上に、歴史の底流で時代の針路を正しくリードしていくのは、聡明な市民の誇り高き連帯の力である。なかんずく朝河博士が強調したのは、〝他国の立場に立って物事を考える能力〟であった。

戦後六十数年。残念ながら、日本はいまだ、中国や韓国などアジアの近隣諸国と、確かな信頼関係を築くには至っていない。

その中で、朝河博士の志を継ぐように、アジア各国との平和友好の道を堅実に広げてこられた福島県の方々の努力は、希望の光を放っている。

二〇〇五年の「日韓友情年」を記念して、五月には「うつくしま——韓国文化交流事業」が賑やかに開催された。福島空港とソウルの直行便も、活発に往来している。

また、会津若松市やいわき市など十の市町村が、中国の各地域と姉妹交流を重ねている。

朝河博士の故郷・二本松市と、湖北省・京山県との馥郁たる友誼の足跡を伺った。

——江戸時代から伝わる国の史跡で、二本松藩士の訓戒を刻んだ「戒石銘」がある。その原典の碑が京山県にあることを確認するため、二本松の市民が現地を訪れた。ところが、戦時中に破壊されていた。そこで、二本松市が京山県に働きかけて碑の再建が実現し、双方の交流が本格的に始まったというのである。

激しい変化の時流にあって、仲良く助け合い、支え合う隣人ほど、心強い存在はない。国と国の関係においても、友好の心を粘り強く育んでいくことが、どれほど大きな平和の土台となるか。

私の敬愛する中国の友人に、上海大学の銭偉長学長がいる。アメリカのアポロ計画にも関わった、ロケット工学の第一人者である。

福島県は上海とも縁が深く、県内関係の工場なども多いと聞いている。

上海大学のキャンパスも、かつて日本軍に激しく蹂躙された。だが銭学長は、その負の歴史ばかりを強調して日本の人々の感情を傷つけたくはないと、率直に語っておられた。

それだけに、学長の一言が私の胸に深く突き刺さっている。

「民衆と民衆、とくに青年と青年の交流が大事です。政治家だけでは、両国間の『友誼』をつくることはできません」

その通りと思う。焦点は、青年と青年の心の結合である。青年交流の大海原が広がってこそ、政治・経済という船も、未来へ向かって順調に進んでいくことができるからだ。

私が「日中国交正常化」を提言（一九六八年）し、微力ながら民衆次元で文化と教育の交流に尽力してきたのも、この信念からである。

思えば、近代日本は、あの戊辰戦争の三千人を超える会津藩の犠牲者を悼むことのないまま、暴走してしまった。国家の指導層が会津の悲劇から真摯に学んでいたならば、日本の歩みは大きく変わったに違いない。

ともあれ、歴史の試練を雄々しく乗り越えてこられた平和の原点「うつくしま」福島には、アジア、そして世界の市民と豊かに共鳴しあう正義の人道の魂が光っている。

「過去を肝に銘じ、前途を見よ」とは、六十年前の終戦のその日に、福島民報の一面の社説の見出しに掲げられた不滅の名言であった。

時代の闇は今なお深い。だからこそ、若き世界市民の前途のために、平和と友情の光の道を一段と開いていきたい。

（福島民報　2005年6月19日）

＊1　朝河貫一書簡編集委員会編『朝河貫一書簡集』早稲田大学出版部

世界市民の心

「困っている隣人を助けることができずして、地球や人類の運命を、わが運命とすることなど、決してできません」

ゴルバチョフ元ソ連大統領が語られた言葉である。冷戦を終結へと導いた指導者の言だけに、今も深く胸に残っている。

「愛・地球博」の開催を機に、海外から多くの人々が活発に来訪し、中部の天地は、世界に開かれた「友好」と「交流」の一大拠点として、ますます重みを増している。

この中部にあって、岐阜県の方々は、郷土の特色を活かしながら、〝横のつながり〟を大切にし、国際交流の道を堅実に広げてこられた。「花づくり」「人づくり」を通して、住みよいふるさとづくりをと、「花の都ぎふ」運動も続けられている。

可児市で開幕した「花フェスタ二〇〇五」では、世界中の七千種にも及ぶバラが展示され、大盛況であったと伺った。「環太平洋ばら友好協定調印式」も行われている。

個性を尊重し、違いを学び合う

バラといえば、南米ボリビアの名門バーリエ大学のルイス総長とお会いした折、少年時代の思い出が話題となった。

——ある日ある時、ルイス少年は母から尋ねられた。

1980.5　岐阜

「白いバラが咲いている庭は、すてきね。じゃ、色とりどりの花が咲く庭は、どうかしら？」

幼き総長が勇んで「もっと、すてきだね！」と答えると、母はにっこりと言った。

「世界は、そういうところなの。いろいろな人種や文化や言葉があるところなのよ」――。

だからこそ、大切なのは、多種多彩な個性を尊重し、違いから学び合うことであろう。

岐阜県には、そうした「世界市民の心」が流れ通っている。岐阜市、また岐阜新聞は、お隣・中国と国交正常化する十年も前に、「日中不再戦」の碑文を杭州市と交換するなど、道なき道を開いてこられた。

また、音楽の都・ウィーンと交流を結ぶ岐阜市では、毎年、市民の代表がベートーヴェンの「第九」を合唱する催しを開催している。教育・文化の交流こそ、永遠なる平和の道である。

十数年前、岐阜県を訪問されたゴルバチョフご夫妻は、新幹線のなかで中高生のインタビューを受けられた。

「ロシアは恐ろしいというイメージがありますが」という質問に、今は亡きライサ夫人は「私を見て、こわいと思いますか?」と微笑まれた。

それを受けて、ゴルバチョフ氏は「地球の国々は、互いに近くなっています。若者は、他の国の人々と一層仲良くなり、交流する努力をしてほしい」と答えられている[*1]。

二〇〇五年に開催された「愛・地球博」にもつながる、博覧会の形を日本で初めて手がけたのは、岐阜県本巣郡ゆかりの博物館学の権威・棚橋源太郎氏であった。県立師範学校の教師などを務めた氏は、生徒たちに常々、「I will try(やってみよう)」と英語で呼びかけていたという。

池に投じた一石が幾重にも水紋を広げるように、国際交流も、身近な場所で、まず一歩を踏み出す勇気から始まる。その勇敢なる行動の歴史を、二十一世紀を生きゆく若き世界市民たちに共々に伝え残したいと思う昨今である。

（岐阜新聞　２００５年７月３日）

＊１　読売新聞１９９５年11月20日付　東京夕刊

地域・文化

文字文化復興の新潮流を

「少年時代の読書の体験が、科学の眼を開いてくれました。読書の一つひとつが私の〝知識〟の蔵に加わり、使命感を明確にしてくれたのです」

これは、パグウオッシュ会議の会長をつとめ、ノーベル平和賞を受賞された物理学者、ジョセフ・ロートブラット博士の言葉である。核兵器の廃絶のために戦い抜いてきた博士は、九十六歳で逝去される直前まで、平和の象徴たる山陽の天地を再訪することを強く願われていた。

幼き日、ベルヌの空想科学小説などに胸躍らせたロートブラット博士は、決心したという。

「科学小説が、作り話で終わる必要はない。科学の力で人類のため貢献できるに違いない」

貧しさゆえに高校へは通えなかった。しかし、電気技師として働きながら、物理学等の本を読みまくって独学を重ね、夜間大学へ進んだ。

文字の力、活字の力が、夢を広げ、夢を育み、そして夢を実現しゆく支えとなったのである。

古今の名作は人生の財産に

若き生命にとって、古今の名作と親しむことが、どれほど大きな人生の財産となることか。

人間の精神は、文字によって鍛えられてきた。文字とは、人間の生命活動の一部、いな、生命そのものとさえ言えるのではないだろうか。

夏目漱石の代表作『こころ』は、今なお、年に五十万部も出版されているという。時代はどうあれ、良書の輝きは失せない。

イギリスの思想家ラスキンは、「一時の書物」と「永遠の書物」を立て分けた*1。

命を賭して綴られた文字は、不滅の命を持つ。真剣なる人生の格闘が凝結した名著には、人類を益する力が込められている。

幾世紀の風雪を超えた書籍の生命力は、試練と戦う人間を励まし、その生命力を奮い起こす。

第二次世界大戦中のことである。オランダの知識人ニコ・ロストは、ナチスの迫害によって、ドイツのダッハウ強制収容所に入れられた。

その収容所には、驚くべき教養の持ち主が何人もいた。そして彼らは、文字通り生死の境で、ゲーテを、リルケを、アウグスティヌスを、ルターを縦横に論じ交わしたというのである。

あまりにも過酷な一日また一日だからこそ、古典文学が物語る人間の魂の光彩が、生きる勇気となった。

心に思い描く未来が、生き抜く希望となった。

それを、このオランダの知性ロストは「ヴィタミンL」と「ヴィタミンZ」と呼んだ。Lは「文学」、Zは「未来」の頭文字である。

彼は極限の収容所のなかで、「どんな不安からも自由であることを、確認した」というのだ。そして「古典文学はわたしたちを助け、強くすることができる」と[*2]。

「読む」ことが、いかに崇高なる意味を持つか。文字・活字は、無量の価値を持つ人類の宝である。

ゆえに、文字文化の停滞、すなわち「読む力」「書く力」の衰退とは、人間と文明の創造性の衰退にほかならないであろう。

活字離れは人間力の衰退に

〝活字離れ〟が論議の的となって久しい。インターネットの時代に、「人間力」は、どうなっていくのか。「読み書き」だけではない。考える力、思いやりの力、挑戦する力、正邪を見分ける力……。「人間力」の衰退の病弊が、日本社会の随所に現れている。

その大きな病根として、社会を毒してきた売文主義、冷笑主義、捏造主義の悪影響がある。

ロートブラット博士も、この点を深く憂慮されていた。特に青年は、氾濫する情報のなかで、ゴミのような悪書は絶対に避け、「正しい本」を選び、「正しい判断」の力を養ってほしいと。

ロートブラット博士と会見（2000.2　沖縄）

歴史の淘汰を受けてきた第一級の書籍とともに、社会の木鐸たる新聞こそ、「メディアリテラシー」（情報の真偽を見極め取捨選択する力）の最良の教育機関であろう。

二十年ほど前から日本新聞協会が提唱し、推進してきた「ＮＩＥ（教育に新聞を）」運動も、着実に浸透している。

読んで「幸せ」を感じたという記事を読者から募集する新聞協会の「ハッピーニュース」にも、二〇〇六年は前年度より二倍の応募があり、しかも半数が「ヤング部門」（高校生以下）という。

教育現場と連動して、健全かつ創造的な活字文化が広がりゆくことは、希望の胎動である。

とくに、山陽新聞を中心とする岡山県の活発なＮＩＥ運動は、全国のモデルとして注目されている。

「文は、すべからく天下に益あるべし」である。「文章は経国の大業」とも言う。活字文化は、未来の命運を担い立つ聖業といってよい。

岡山県は、江戸初期、庶民のための画期的な「閑谷学校」が設立され、明治のはじめには、私塾の数も全国一であった。

この誇り高き〝教育の天地〟から、若き世代に光を当てた、文字・活字文化の新しい復興の潮流をと、私は願う一人である。

（山陽新聞　2006年10月17日）

＊1　「ごまとゆり」木村正身訳、五島茂責任編集『世界の名著41』中央公論社、参照

＊2　『ダッハウ収容所のゲーテ』林功三訳、未來社、引用・参照

ヴィクトル・ユゴーの叫び胸に

「活字文化こそ人間社会の光明なり」

二〇〇二年、生誕二百周年を迎えた、フランスの文豪ヴィクトル・ユゴーの叫びである。

横暴な権力の迫害を受けながら、ユゴーは不滅の傑作『レ・ミゼラブル』を完成させた。ヨーロッパの知識層から祝福された出版記念会で、彼は活字文化を支える人々への感謝を語った。

正義と真実を話し、書き、印刷し、出版する。その精神の闘争に、人間の主体性があり、行動する知性の証がある——ユゴーの誇り高き宣言を、二十一世紀の今こそ、私たちは思い起こしたい。

歴史の正義と真実を刻む

『レ・ミゼラブル』は、私の青春の一書である。初めて手にしたのは、十四、五歳の頃であった。戦時下の緊迫した空気のなか、病弱であった私は、貪るように本を読んだ。

「二度読む価値のない本は、一度読む価値もない」という名著の定義がある。たしかに名作には、読むたびに新しい感動を与える力があるものだ。

『レ・ミゼラブル』は、私にとって一生の座右の書となった。パリ郊外に私が創立したユゴー文学記念館には、『レ・ミゼラブル』の校正刷りが展示されている。フランスの国宝に指定された八巻本である。そこには〝人間性を尊重せよ、魂の権利を守れ〟等、ユゴー自身の加筆が刻まれている。

一冊の本から広がる楽しく豊かな世界を、若い世代にもっと味わってほしい――。その願いを込めた私の提唱を、青年たちの手で実現してくれたのが「世界の書籍展・神戸展」である。（二〇〇二年十二月十日〜二〇〇三年一月十九日）

ゲーテ、ホイットマン、トルストイ、タゴールらの希少本、また珍しい世界の豆本、さらにベートーヴェン、ナイチンゲール、ガンジー、アインシュタイン等の直筆書簡を紹介し、人類の精神の至宝を伝える展示である。その一つに神戸を訪問した、アメリカのヘレン・ケラーが記した心を打つ手紙もある。

「暗闇と静寂しかないところでも、太陽や花や音楽を楽しむことができるなら、それこそ、人間の深遠さを証明するものでしょう」

かのトルストイは「真の学問は書物の中にある」と言った。

近年、若い世代の間で活字離れが進んでいることは、残念というほかない。一カ月に一冊も本を読まない学生が、三人に一人にのぼるという調査結果もある。

活字こそ知性の証　若者に夢伝えよう

こうした傾向は、日本に限らず、世界的な現象でもあるようだ。

二年前（二〇〇〇年）に神戸でお会いしたアルゼンチンの国立ノルデステ大学のトーレス総長も、「若者はテレビなど視覚に訴えるものを好んで、本を読むことを嫌っています」と憂慮されていた。

「ゲーム脳」という言葉が話題になったことがある。テレビゲームが子どもに与える悪影響は、科学的にも研究されている。映像だけでは、どうしても受け身になり、刹那的、衝動的になりやすい。

良書に親しむなかでこそ、創造力も批判力も鍛えられる。活字文化の衰退は、人間が人間らしく生きるための精神の泉を涸らしてしまう。

現在、全国で「朝の読書」運動が広がり、実施校は、一万校を超えている。私は二〇〇一年に発表した教育提言で、この貴重な取り組みを一段と深め、世界的な文学に親しむ時間を、学校教育の柱として導入することを提案した。また家庭にあっては、幼児期や低学年の子どもたちへの「読み聞かせ」を進めることを訴えた。

その先駆的な挑戦をされているのが、兵庫県である。「ひょうご〝本だいすきっ子〟プラン」を掲げ、地域の図書館と学校が一体となって、子どもたちに読書の輪を広げる環境づくりが行われていると伺った。

子どもたちが良書と出あえるように、心を砕いていくことは、大人社会の責任である。

「良書を読むためのひとつの条件は、悪書を読まないことだ[*1]」と、ドイツの哲学者ショーペンハウアーは鋭く論じている。

私どもの牧口常三郎初代会長は、一九〇三年に『人生地理学』を発刊した。軍事的競争から人道的競争へ、人類史の転換を提唱した著作である。

じつは、この一書を、いち早く世に紹介してくれたのが、神戸新聞であった。執筆したのは、牧口会長と親交のあった斎藤弔花記者である。斎藤記者は、国木田独歩の評伝を記すなど、優れた人物眼で知られている。

掲載は、『人生地理学』の出版から、わずか五日後であった。紙面一ページのほぼ半分を割いた約二千字の記事は、書評の域を超えて、一字一句に友情があふれている。そして「更に十倍の堅忍を以て百年の大作を企てられんことを」との期待で結ばれていた。

この励ましに応えて、牧口は教育の第一線で働き続けながら研究を重ね、二十数年後に『創価教育学体系』を著した。この大著こそ、人間教育を重視する私どもの運動の原点である。

牧口は、軍部権力によって投獄され、獄死を遂げた。神戸新聞の社長や論説部長が、特高から弾圧されたのと同時代のことである。

戦後の一時期、私は児童向けの雑誌を編集していたことがあり、詩人の西條八十氏や時代小説家の野村胡堂氏、また神戸出身の推理小説家・横溝正史氏、神戸で若き日を過ごされた日本SFの父・海野十三氏など、多くの作家・文化人の方々にお会いした。

歴史長篇『徳川家康』で知られる山岡荘八氏のお宅へ伺ったのも、この当時である。

各誌の連載で多忙を極める大作家に、私は率直に「少年たちに希望を贈る小説を書いてください」と寄稿をお願いした。すると、「読者が手に汗を握りながら、自然のうちに心が高まるような作品を書きましょう」と快諾して

1986.6　兵庫

くださった。

「自然のうちに心が高まる」――さりげない氏の言葉が、今も私の胸によみがえる。

私が活字の持つ偉大な力を実感したのは、雑誌の仕事をする前に、印刷所で働いていた時だった。拾う一つ一つの活字は、鉛の塊にすぎない。しかし、それが組み合わされて印刷され、ひとたび世に出ると、まるで生命体のように社会へ波動を広げていく。それは、まさしく、人々に計り知れない「活力」をもたらす「活きた文字」である。その文字の力を何のために活用するか。ここに、活字文化の真価が問われるのではないだろうか。

「印刷というものは、知識をひろめるために発明されている。しかし、中傷者は、それを、人を中傷せんがために利用するのである」*2

これは、アメリカの著名な教育者ホレース・マンの厳しい戒めであった。

書籍展では、ユゴーの動静を伝える往時の新聞も展示される。圧政に苦しむフランスの民衆を、大いに鼓舞した記事である。

人々に勇気を与える新聞の使命

私も少年時代、新聞配達をした。太平洋戦争の開戦を伝える新聞も配った。日々、玄関先へ新聞を入れる手に、時代の空気を運ぶ重みを感じた。

新聞の使命とは、事実の報道とともに、人々に勇気を与え、社会に希望を灯しゆくことにあろう。

あの阪神・淡路大震災の時（一九九五年一月十七日）、本社が壊滅状態になったにもかかわらず、一日も休むことなく発行され続けた神戸新聞が、どれほど人々の心の支えになったことか。

「十七日夕刊、十八日朝刊が届いた時の驚きと感動は表現できません。しばらくは、涙で字がぼやけて見えませんでした」

読者から寄せられた声の一つと伺った。

被災地を駆け回り、取材ノートがいっぱいになって、手のひらにまで書いた記者たちの執念。

販売店の方々も、倒壊した家の張り紙を手がかりに避難所まで新聞を届けたり、新聞を求める被災者に無料で配布されたという。

徹底して市民の立場に立つ。「がんばれ」ではなく「がんばろう」と共に励まし合う。復興への動きをできるだけ全面に出す。苦境の助けになる生活情報に最大のスペースを割く――こうした編集方針でつくられた紙面は〝復興への希望〟の象徴となっていった。

「神戸新聞が地元の人達を一番勇気づけます。地元と手をつないでいるからです」

まことに尊い読者からの反響である。

未曾有の大災害を乗り越えゆく人々の姿を丹念に描いた、京都新聞との合同企画「生きる」は、意義深き新聞協会賞を受賞された。

その報道姿勢は、世界でも高く評価されている。一九九八年に神戸で行われた「世界新聞大会」に出席した各国のジャーナリストも、強い感銘をもって、神戸新聞の報告に耳を傾けたのである。


神戸は「世界への窓」である。

中国の周恩来総理とお会いした折、総理は、若き日、日本留学を終えて、桜の咲く頃、神戸から帰国の途についた思い出を回想されていた。

また、中国民主革命の先駆者である孫文は、神戸新聞の松方幸次郎初代社長と深い交友があった。逝去の前年(一九二四年)に神戸に立ち寄った孫文は、軍国主義へ傾斜する日本に警鐘を鳴らした。文化の力によって共感と連帯を深めゆく「王道」を、日本はアジアの国々と共に目指すべきであると遺言したのである。

私は、その黄金の柱となるものこそ「活字文化」にほかならないと考える。神戸を希望の港として、兵庫は、世界各地と数多くの姉妹友好を結びゆく国際交流の先進県だ。このたびの神戸での「書籍展」が「平和と文化の響き」を、世界へ一段と広げゆく機会となれば、幸いである。

ユゴーは高らかに謳った。

「活字文化は世界に夜明けを告げるラッパなり」

（神戸新聞　２００２年12月10日）

＊1　『随感録』秋山英夫訳、白水社

＊2　「民衆教育論」久保義三訳、梅根悟責任編集『世界教育学名著選17』明治図書出版

北陸から世界へ文化の大光を

わが北陸は、日本の文化の花である。

私たちが海外で行う日本美術展でも、加賀蒔絵など北陸の名品は、深い感銘を広げる。

そこには、絶対の自信をもって披露できる伝統の美がある。

「はでに光るものは、ほんの一時つづくだけです、真実なものは後世になってもほろびることはありません」[*1]とは、文豪ゲーテの洞察である。

相次ぐ偽装問題など、社会全体から信頼が失われゆく時代にあって、確かに信じられる人間の魂が、北陸の文化には躍動している。

先哲いわく「行き詰まったら原点に戻れ」。政治も混迷している。経済も動揺している。今、立ち戻るべき原点は「文化」である。

だからこそ、改めて思い起こしたい北陸人の高き志がある。一八九三年の八月、「ふるさとの森羅万象の案内者」を標榜し、「北國新聞」を創刊された赤羽萬次郎先生である。

先生は、徹底して「真実」を尊重された。先生の盟友で、北國新聞の客員論説委員を務めた「憲政の父」尾崎咢堂も「文化の進歩に大害をなすものは虚偽と迷信だ」と叫んだ。[*2] 思えば、北陸出身の私の恩師も「信なき言論煙の如し」と喝破していた。

勇気ある真実の活字文化こそ、不正を糺し、社会に信頼を確立する柱である。

二〇〇八年、石川の地に芸術文化の殿堂「赤羽ホール」が開館した。二十一世紀の日本、さらに、お隣の中国や韓国、ロシア等を擁する環日本海文化圏にとっても、大きな意義を持つにちがいない。

ふるさとに尽くす

この芸術文化の殿堂には、創刊者の名が冠され、「ふるさとの振興に尽くしてやまぬ創刊の精神」が誇り高く謳い上げられていることにも、私は感動を禁じ得ない。

原点の人への感謝を忘れぬところは、必ず発展していく。

私が交流を結んだ統一ドイツのヴァイツゼッカー初代大統領は、文化は才能ある者のみが占有する財産ではなく、万人が共有する人間らしい生き方であると強調されている。*3

大統領も北陸の文化を敬愛する一人だ。

北陸の美術工芸にも、能楽にも、文芸にも、先達から後輩へ、師匠から弟子へ、精神と技芸を伝えゆく、生命の薫陶の劇がある。北陸が生んだ文豪・泉鏡花も、明治の作家・尾崎紅葉に師事した。鏡花は、師を持たない芸は慢心すると戒めている。[*4]

信じ合い、学び合う人間の結合こそ、尽きることのない創造の源泉といってよい。

「天からの手紙」である雪の研究で名高い物理学者・中谷宇吉郎博士も、故郷・北陸の文化を誇りとされた。博士は、政治の中央主権主義の圧力で、地方文化の影が薄くなっていることを憂慮し、強い根を持つ北陸文化への期待を語った。

「第二の文運復興の期が、再びこの土地に芽ばえることを祈っている」[*5]

市民が生き生きと集われる「赤羽ホール」から、まさしく「文運復興」すなわち新たな北陸ルネサンスの大光が広がるに違いない。

文化は、人間を励ます希望の響きである。
文化は、民衆を強くする勇気の舞である。
文化は、暴力に挑む平和と正義の旗である。

世界に知られる江戸時代の女性の俳人・加賀の千代は、夫に先立たれ、愛する家族を次々に失った。その悲哀を乗り越えて、ひとすじに俳諧の道を探究した。

「蓮白し　もとより水は　澄まねども」
「水せんや　誠の花は　垢つかず」[*6]

汚れなき蓮華や水仙の如く、苦難に負けぬ生命から文化の花は咲く。

花であれ、野であれ、山であれ、海原であれ、雄大な自然環境との共生の営みが身近にある。

これまた二十一世紀の北陸の強みだ。

北陸出身の哲学者・西田幾多郎は綴った。

「新しい文化が生まれるということは新しい人間が形成せられることである」[*7]

文化の前進は、青年の教育と一体である。先日、私が知る北陸の青年たちの労作が契機となって、フランスの「ルイ・ヴィトン」が「輪島塗」に注目し、協同して小物入れを作製したと伺った。輪島塗が施された最新鋭のテレビやコンピューターも登場している。

グローバル化は、「地域」が即「世界」と結ばれるチャンスの時代でもある。

文化の都・北陸の姿は、ゲーテが、ワイマールを文化都市と栄えさせた歴史を彷彿させる。ゲーテは、自ら劇場の建設を進めた。舞台の監督を務め、人材を育成した。ワイマール人にして世界市民であることを誉れとしたゲーテは、語った。

「打ちこわすことではなく、人類にうつくしい希望をあたえるような何ものかをつくること。これが一ばん肝要である」[*8]

北陸(ほくりく)の大地をコスモスの花が彩(いろど)る季節(きせつ)だ。宇宙(うちゅう)（コスモス）をも包(つつ)みゆく心の広がりをもって、北陸の文化が、鮮烈(せんれつ)に世界へ咲(さ)き薫(かお)る新時代が到来(とうらい)している。

（北國新聞／富山新聞　２００８年10月２日）

＊1　ゲーテ著『ファウスト悲劇第一部』手塚富雄訳、中央公論社
＊2　尾崎行雄著『尾崎咢堂全集第十巻』公論社、一部現代表記に改めた
＊3　『ヴァイツゼッカーのことば』加藤常昭訳、日本基督教団出版局、参照
＊4　泉鏡太郎著『鏡花全集別巻』岩波書店、参照
＊5　『中谷宇吉郎随筆選集３』朝日新聞社
＊6　中本恕堂著『加賀の千代全集（全一巻）』北国出版社
＊7　『日本文化の問題』岩波新書
＊8　『ゲーテ全集第十一巻』大山定一訳、人文書院

人間の魂の強さと誇りを

「私たちは、みな『幸福の鍛冶屋』ですよ」

ロシアの文豪ショーロホフ氏（ノーベル文学賞受賞者）は、私に語られた。

一九七四年の九月、モスクワの質素なアパートでの対話である。

氏は、来日の折に富山県の漁村を訪れ、北陸の方々と交流した思い出も大切にされていた。どんな運命があろうとも、固い信念があれば、必ず幸福な人生を鍛え上げることができる——これが氏の朗らかな哲学であった。

この人間の魂の「強さ」と「誇り」が、一点一点の名画に凝結されている

のが、「国立ロシア美術館展」である。（二〇〇七年八月二十五日～九月二十四日）

十八世紀後半から二十世紀初頭のロシア美術の神髄が、金沢二十一世紀美術館で展覧され、深い感銘を広げていると伺った。日ロの文化交流を願ってきた一人として、喜びに堪えない。

この名品群には、人間の讃歌があり、生命の讃歌がある。嵐の海原を乗り越え、厳寒の冬を勝ち越えゆく、北国の雄々しき心の讃歌がある。

巨匠レーピンたちは、「移動派」と呼ばれた。その名の通り、ロシアの大地を「移動」して、人間の中へ飛び込み、その地その地で展覧会を行った。一握りの特権階級に閉ざされていた絵画芸術を、広々と民衆へ開いていったのである。

その庶民を見つめる眼差しには敬愛があふれ、子どもたちを描く筆致には慈愛がみなぎっている。胸を打つ迫真の写実は、磨き抜かれた技とともに、人間を大切にする真心と、労を惜しまぬ誠実から生まれているのだ。

この創造の心は、日本が世界に誇る芸術の至宝・輪島塗の心とも深く響き合う――そう感ずるのは、私一人ではあるまい。

日ロの交流は平和の光源

一九七四年、ロシアに私が第一歩を印した当時は、東西冷戦の渦中でもあり、日本では「こわい国」という先入観があった。しかし、かくも人間性に満ちた文化の大国であり、人類の至高の芸術の宝庫なのである。

未来に生きゆく青年たちのために、お隣づきあいで、文化・教育の晴れ晴れとした往来の道を開きゆくことを、コスイギン首相やゴルバチョフ大統領らとも、私は語り合ってきた。

北陸は姉妹都市や美術館などを通して、日ロの貴重な交流を重ねてこられ

1994.5　ロシア・モスクワ

た。嬉しいことに、この金沢での美術展は、訪日中のロシアの青少年も鑑賞し、母国の大傑作に感動したという。

五月（二〇〇七年）にお会いしたロシアのベールィ大使も、今回の展示を喜ばれて言われた。

「共に優れた才能と知性に恵まれたロシアと日本が、真に交流を深め、心が結ばれていったならば、宇宙空間での星の誕生にも似て、人類の未来を照らす巨大な光源となりうるでしょう」と。

北陸は、ロシアをはじめユーラシア大陸に最も近い「窓」であり、日本の美の粋を最も代表する「花」である。その北陸が、二十一世紀の「平和の文化」の太陽と輝きゆかれることを、私は確信してやまない。

（北國新聞／富山新聞　2007年9月20日）

「志国」にみなぎる創造の力

「志はまさに高遠に存すべし」と、諸葛孔明は言った。乱世なればこそ、志を高く掲げよ。遠大な心で、賢く強く生き抜け。これが、三国志の英雄の励ましである。

四国は「志国」。すなわち「志の国」だ。この四国で「大三国志展」が開催される。（二〇〇八年十一月二十六日〜十二月二十四日）

折しも、日中平和友好条約の締結から三十周年。功労者である大平正芳元首相は、観音寺市豊浜町の出身であった。大平先生とは、私も一九七五年の一月、小雪の舞うワシントンで語り合った。周恩来総理が条約の早期締結を望んでいること、米国のキッシンジャー国務長官も賛成であること、そして民衆が支持していることを、直接お伝えしたのである。大平先生も「必ず、やります」と約束してくださったことが、忘れられない。

今、世界は「百年に一度」という金融危機にある。

千八百年前、三国志の時代も、激しい動乱であった。多難な荒波を、いかに生き抜くか。三国志の英傑の智慧や勇気、友情の力から学ぶことは、あまりにも多い。

大三国志展には、中国の国宝に当たる国家一級文物五十二点をはじめ、貴重な品々が出品される。その一つに、孔明が考案したという「木牛」の復元もある。険しい道でも食糧を自在に輸送できる手押し車だ。どうすれば、皆の負担を軽くできるか。そもそも、孔明の着想は、聡明な夫人が工夫した粉ひき機からアイデアを得たと伝えられる。女性の生きた智慧の光である。

「民を安んずるを以て本と為し、修飾するを以て先と為さず」――孔明は、民衆の幸福こそを第一義とした。この志が「天下三分の計」というビジョン、また農業や産業の振興政策、さらに洪水を防ぎ灌漑を進める水利事業などにも結実している。

「二十世紀の孔明」と仰がれた中国の周恩来総理は、新しい創造のための三つの智慧を提唱されていた。「無用のものを有用へと変える」「一用を多用へと変える」「古いものを活用して新しい価値へと変える」

創造の契機は身近にある。深き志をもって、衆知を結集するところ、価値創造の道は開かれるのだ。

江戸時代、讃岐の賢人・久米通賢は、孔明の発明とされる連弩（矢が連射できる弓）を改良し、夜盗からの防犯具とした。坂出の塩田も開発した。測量器具や時計、扇風機、ポンプ、マッチなども考案し、発明している。

相次ぐ家族の死や貧窮を乗り越え、通賢がひたぶるな創造を貫いたのも、自分に学問の道を開いてくれた周囲の恩に報い、社会に尽くしたいという志からであった。

今年（二〇〇八年）は、日本で初めて、オリーブの植栽が小豆島で成功して百周年。また、世界初のハマチの養殖の事業化が東かがわ市で成し遂げられて八十周年となる。私が対談した、アメリカの著名な経済学者サロー博士は、「独創性と創造性を受け入れ育む環境こそが、二十一世紀の成功の中心となる」と主張されていた。私は、四国こそ、その天地であると確信する一人である。

四国新聞はじめ、四国の四新聞社による共同企画「四国の力――開発の現場を訪ねて」でも、新製品や新技術を創造する瑞々しい「ものづくり」の知恵が活写されている。既成概念に囚われぬ柔軟な発想、そして未知の世界に挑戦しゆく勇気が鍵である。不透明な時代だからこそ、「志国の創造力」が一段と希望の光を放つ。

讃岐弁では、挨拶代わりに「何がでっきょんな」と声を掛け合う。「こんにちは」の代わりに、「何ができるのですか」「何を創っておられるのですか」と励まし合う創造の志あふれる天地を、私はほかに知らない。

未来は人材で決まる

「大事を済すには必ず人を以て本となす」とは、三国志の指導者・劉備玄徳の至言であった。すべては「人」で決まる。経済危機に揺れる時勢だからこそ、皆で励まし合い、新たな知恵と創造力を出し合っていきたい。

人類の頭脳ローマクラブの創立者アウレリオ・ペッチェイ博士は、私に強調された。

「莫大な富が、我々自身の内部にあります」

「まだ眠ってはいても、各人の内にあって活用することができる能力は、実に莫大です。我々は、これを最大の人的資源とすることができます」

希望の泉は足下にある。要は、いかに汲み出すかではないだろうか。

郷土に貢献する「無冠の英雄」

四百年の歴史を誇る香川県高松市丸亀町の商店街は、日本一高いアーケード・ドームなど「にぎわいあふれる商店街」として、全国から刮目される。

変わらずに護り通すものと、勇気をもって変えるものとを見極めながら、「市民が集い憩う」街を創り上げてこられた。郷土を想う情熱の勝利と、私は感銘する一人だ。再開発事業も、商店街の後継の青年会が中心となってスタートしたと伺っている。人の心で街も蘇る。

戦後の日本の教育をリードした東京大学の名総長・南原繁先生も、故郷を深く愛された。引田町南野（現・東かがわ市）の出身である。たびたび、帰省しては、郷里で活躍する同窓生を讃え、母校・三本松高校（旧制・大川中学校）の後輩を激励してやまなかった。

〝人類の歴史は、少数の偉人や英雄によって作られるのではない〟。これが先生の信条であった。

「一人一人、誠実にして勤勉、正義に味方する国民大衆によって担われ、支えられてこそ、はじめてその国の揺ぎない、悔いのない、真の歴史が創られる」と断言された。*1 南原先生が「人間革命」という理念を主張されたことも、有名である。ともあれ、地域社会のため、人知れず貢献する無名の偉人、無冠の英雄にこそ光を当てていきたい。

私の知人に、「讃岐うどん」の麺づくりの名人がいる。その秘訣を伺うと「鍛えること」という。繰り返し練り上げたうえ、何度も踏んで、食物繊維を絡ませて〝こし〟を強くする。

「やればやるほど奥が深い」「作り手が成長した分、うどんも成長する」との匠の言葉が味わい深い。「モノづくり」も「人づくり」から始まる。

香川県の三分の一の面積の国が、シンガポールである。水も資源も乏しい。民族は多様で、まとまることも大変だ。しかし、世界有数の経済先進国へ発展した。その原動力は「人材」の育成であった。国家予算に占める教育費の割合は経済開発費を上回る。

私がお会いしたS・R・ナザン大統領も、「人材の質」を強調された。その一つの指標として、「自分より恵まれない人々に対して、敏感であれ」「助けを必要とする人々に、手を差し伸べよ」と呼びかけておられる。求められるのは「共生」の人材だ。私がシンガポールに創立した幼稚園も開園十五年。人間性豊かな、若き世界市民が育っている。

壺井栄さんの名作『母のない子と子のない母と』には、冬の冷たい潮風に

シンガポールのナザン大統領夫妻と会見（2000.11　シンガポール）

耐えて春を待つオリーブが描かれている。小豆島を彩るオリーブの花言葉は「平和」「知恵」である。「教育立県」「人材立県」の地から、「知恵の人材」がオリーブのごとく鈴なりに実り、二十一世紀の大いなる平和と繁栄を築かれゆくことを私は願ってやまない。

青年と活字文化

「心に在るを志となし、言に発するを詩となす」とは、中国の古典『詩経』の一節であった。志の国・四国は「詩国」である。美しき天地が、美しき志を育み、美しき詩を生むのであろうか。四国新聞の前身、香川新報の記者であった、近代日本の青年歌人・香川不抱は謳った。

「吾ここにありと叫びぬ　千萬の　中の一つの星と知りつゝ*2」

幾千万の星々と共に、「吾ここにあり」と自分にしか放てない生命の光を発する。豊かな活字文化を創り出す詩心が、四国には溢れているのだ。

私は、戦中戦後の荒廃の時代に青春を生きた。幾多の尊い生命が犠牲となり、あらゆる価値観が崩れ去った。私自身も肺結核を病んでいた。

信じられるものも頼れるものもない。その時に、良書が、どれほど心の友となり、魂の糧となってくれたことか。人類の先哲たちは、名著を通して、無名の一青年に惜しみなく勇気を贈ってくれた。十九歳の時から師事した教育者の戸田城聖先生は、常に「今、何を読んでいるか」と尋ねられた。

「若い時代に読んだことは一生残る。長編を読め。古典を読め。今、読んでおかないと、人格はできない」と厳しかった。

良書は、人類の心を結び合う橋でもある。

二十世紀最大の歴史家アーノルド・トインビー博士と対談した折、博士は

『万葉集』や『源氏物語』さらに『竹取物語』まで話題にされて、日本文化への共感を語ってくださった。

地球の名勝を旅してこられた博士が、「瀬戸内海は世界で最も美しい風景の一つ[*3]」と絶賛されたことも懐かしい。博士は、一八八九年（明治二十二年）の四月生まれ。公平無私で温厚なジェントルマンであられた。しかし、ナチスの悪逆などとは激怒して戦い抜いてこられた。

私との対談のなかでも、博士は言論の責任を強調されていた。それは「生命の尊厳」をはじめ正邪善悪に関わる問題に対しては、中立を装って傍観してはならぬということであった。

言論の雄「四国新聞」が創刊されたのは、トインビー博士の誕生と同じ一八八九年の四月。その「発刊の辞」で、十九歳の主筆・松永道一氏は、高らかに呼びかけた。

〝わが香川は一地方の県だが、全大陸をも左右する勢力になるとの決心と希望をもとう〟*4。

それは、青年の大情熱が漲る「活字文化」の歴史的な創造の出発であった。

今、若い世代の深刻な活字離れが憂慮されている。青年の、青年による、青年のための活字文化のルネサンスを、詩心の天地・四国に期待したい。

香川県では、四月二十三日の「子ども読書の日」を中心に、地域の図書館などで読み聞かせやお話し会が活発に行われていると伺った。また毎月、二十三日の週は、日曜から土曜まで合計六十分以上を目標に、家族みんなで本を読む「２３が６０読書運動」も推進されている。

草の根の活字文化の興隆は、若き心の世界を伸びやかに広げる。それは、心豊かな家族の結合を深め、地域の文化を活性化させゆく力ともなる。

著名な大学者・中山城山（旧香南町・出身）が讃岐の人物や歴史を筆録した大著『全讃史』は、一八八九年、四国新聞の創刊と同じ年に発刊された。編纂を決意した六十歳の正月、城山が認めた一詩が、私は好きである。

「たとえ八千の秋が去るとも、心はつねに青春ならん」*5

常に新たに「挑戦しゆく心」——百二十歳の四国新聞と共に、「青年の心」が輝く一年の出発をお慶び申し上げたい。

「師国」の誉れ高き心と技の継承

万葉の昔より「見れども飽かぬ」と詠われてきた憧れの香川の天地を、私が初めて訪問したのは、五十年前の二月であった。

郷土を愛する誠実な若人たちと「青春は修行の時代。大いに学ぼう」と語り合ったことも懐かしい。先日も、その友人たちが元気な近況を伝えてくれた。嬉しかった。四国の友は信義に篤い。この半世紀、どんな時も苦楽を分

トインビー博士と対談（1973.5　イギリス・ロンドン）

かち合ってきた友情は、私の宝である。

今、瀬戸内海は、海苔収穫の季節である。東京湾の海苔づくりの家に育った私には、真冬の早朝の凍える海での労作業が偲ばれてならない。

東かがわ市のあるご夫妻は、仲間と協力して「浮き流し」という新しい技法に挑んだ。水深が深くて波浪の荒い水域でも、支柱を立てる代わりに、ブイを浮かべて養殖を可能にしたものだ。

海苔が艶を失う色落ちなど、試練は絶えないという。だが、研究や工夫を重ねて、乗り越えてきた。「苦境は打開するためにある」と、寒風にも笑顔で胸を張る。

三豊市仁尾町で生産される「袋かけミカン」も、有名だ。一つ一つ丹精こめた手仕事によって、ひときわ甘美な黄金の果実がもたらされている。

「外には造化（自然）を師とす」という中国の格言がある。[*6] 「知識」はコンピューターからでも得られる。しかし、それを生き生きと活用しゆく「知恵」は、大自然を師のように大切にして学んでいく心に育まれるのではないだろうか。そしてまた、人間と人間の真剣な生命の打ち合いの中でこそ、創造と調和の「知恵」が啓発される。

日本の文化の華「讃岐漆芸」が、二百年の歳月を超えて、始祖・玉楮象谷以来の伝統美を守り、発展させ、磨き抜かれてきた根底にも、「師匠と弟子」「先輩と後輩」の絶え間なき薫陶がある。

名高い香川県漆芸研究所では、巨匠の方々が個人教授に近い形で、自らの技を惜しみなく伝える。未来の巨匠たちは、それを受け継ぎ、多彩な漆芸術を創造していくのだ。この研究所で指導に当たられた、人間国宝の音丸耕堂先生は語られた。

「深ければ深いほど、難しければ難しいほどですね、それに携わる者はファイトが湧きます」*7

四国には「師国」すなわち「師の国」ともいうべき、一流の心と技の継承が冴え渡っている。

人であれ、団体であれ、文明であれ、傲慢になって学ぶことをやめ、孤立した時から、衰退が始まる。惰性や油断を排して学び続け、他者と心を結び合っていくところが、勝ち栄えていける。

私の友人である、アルゼンチンの人権の闘志・エスキベル博士は語っておられた。

「人間が今、挑戦への『勇気』を持てば、未来の『収穫』は自ずと到来する。その挑戦とは、積極的に異なるものと結びつき、『連帯の文化』という新しい道を探究することである」と。

五十年前の二月、私は香川から土讃線に乗って高知へ向かった。それは、明治時代、若き指導者・大久保諶之丞が、物産に恵まれた各県を結ぶために切り開いた「四国新道」をたどりながらの旅でもあった。

百年先の人々の連帯を見つめて、厳然と道を創ってくれた讃岐の先人の魂は、今も私たちの胸に熱く迫る。

激動の世こそ、新たな知恵の結合によって、新たなイノベーション（革新）を呼び起こす時だ。

「四国は、歴史を変える逸材が躍り出る不思議な宝土だ。四国の人物と胸襟を開いて友情を結べ！」

二月十一日（二〇〇九年）、百九周年の生誕の日を迎えた、わが師・戸田城聖先生の遺訓の一つであった。

希望の春は母から生まれる

四国は「四季の国」。春夏秋冬に、美しき自然と心の絵巻が織りなされゆく宝土である。秀麗な飯野山の裾野に広がる丸亀市の飯山町では、桃源郷のごとく桃の花が満開の時を迎える。

いにしえより、桃は豊かな生命力の象徴である。ひな祭りでも桃の花が飾られ、愛娘の健やかな成長を願う親心が託されてきた。家庭であれ、地域であれ、明るい女性の語らいは、希望の花である。

高松市の「いただきさん」は、サイドカー型の自転車や手押し車で、魚を商う女性たちである。「いただきさん」が街角に立つと、人の輪ができる。料理や献立のアドバイスなど、会話を楽しみにする人も多いという。温かなふれあいと元気まで運んでくれる。瀬戸内の海の幸が、家庭の幸へ、地域の幸へと広がっていくのだ。「おさかな、ご用」の声は、街のすみずみまで活力を送る。

「たくましく真剣に働く母たちこそ、どんな貴婦人よりも気高い」と、私は青年に語ってきた。

「わが母の苦労の姿を、感謝を込めて、一家の誇りとして語り伝えていくんだよ」と。

女性教育の先進県 香川の慈愛の光

歴史を振り返れば、厳しい冬の時代を打ち破って、女性が活躍しゆく春の時代を開いてこられたのが、香川の母たちだ。

三豊市山本町出身の花岡タネ先生と、小豆島町生まれの村崎サイ先生は、女性の可能性を教育で開こうと生涯を捧げた先駆者である。共に明治期、裁縫学校から信念の一歩を踏み出した。大情熱の対話で幾多の人々を味方にしつつ、教育の聖業を推進された。

今、花岡先生の学校は坂出第一高校に、村崎先生の学校は、さぬき市にもキャンパスを置く徳島文理大学・短期大学部へ大発展している。

豊かな母性は、豊かな教育力の泉である。

日本女性として初めて博士号を取得した植物学者の保井コノ先生は、東かがわ市三本松に生まれた。男性優位の社会で、何倍もの努力を重ねて大学者となっても、名誉も求めず、地位も願わず、ただ自分の渾身の仕事が残りゆくことで満足とされた。

「問題はこれからの研究にあります*8」——。

毀誉褒貶を見下ろし、未来を見つめて次の世代の道を開く女性たちの心は、あまりにも深い。

一人を大切にする母の心に学べ

一人の人を大切にし、尊き生命を励まし護る。この女性の勇気と智慧から、平和の春風が薫る。

高松市の南部の山間地域で二十年以上、婦人消防団を務めてこられた方がいる。数年前の台風の際は、山崩れで道路が寸断された。復旧までの約一カ月間、その婦人は、独り暮らしのお年寄りのために、倒木を越え、土砂を越えて、毎朝毎晩、食事を届け、励まし続けた。

観音寺市で、わが子を亡くした悲しみや甲状腺がんを乗り越え、「読み聞かせ」の運動を続けてきた女性は、「生命から迸る喜びや感動を声に響かせて子どもたちに伝えていきたい」と微笑む。

鎌倉時代の大先哲は、「国」という字を「囻」すなわち「口」に「民」と書いた。国の宝とは、大誠実の民衆であり、優しく賢明な母たちである。共々により良き社会をつくるために、まず自分が変わることだ。できることから始めることだ。

希望がなければ、希望を創ればよい。闇が深いほど、自らが太陽になって朗らかに輝くのだ。

幸福の花には、忍耐という大地が必要である。「冬は必ず春となる」。
四季の国・四国のお母さま方の健康長寿を、私は妻と祈る日々である。

晴れやかに　春は来たりて　桃の花
　あなたの心が　光りて満開

（四国新聞　2008年11月25日、12月17日、2009年1月14日、2月11日、3月18日）

＊1　「歴史は誰がつくるか」『南原繁著作集10』岩波書店
＊2　田山泰三編『香川不抱作品集』香川明星倶楽部
＊3　吉沢五郎著『人と思想69　トインビー』清水書院、参照
＊4　香川県編『香川県史11　資料編』四国新聞社、参照
＊5　『江戸時代　人づくり風土記37　香川』農山漁村文化協会
＊6　『歴代名画記2』張彦遠、長廣敏雄訳、平凡社、参照
＊7　住谷晃一郎著『讃岐漆芸』河出書房新社
＊8　都河明子・嘉ノ海暁子著『拓く――日本の女性科学者の軌跡』ドメス出版、参照

池田大作（いけだ・だいさく）
創価学会名誉会長。創価学会インタナショナル（SGI）会長。1928年、東京都生まれ。創価大学、アメリカ創価大学、創価学園、民主音楽協会、東京富士美術館、東洋哲学研究所などを創立。1968年には、いち早く「日中国交正常化」を提唱し、日中友好に大きく貢献。1983年には「国連平和賞」を受賞。モスクワ大学、北京大学、グラスゴー大学をはじめ、250を超える大学・学術機関から名誉博士、名誉教授等の称号を受けるなど、平和への行動と哲学が高く評価されている。『人間革命』（全12巻）、『世界の指導者と語る』など著書多数。また、世界の指導者とも対話を重ね、『二十一世紀への対話』（A・トインビー）、『二十世紀の精神の教訓』（M・ゴルバチョフ）、『地球対談　輝く女性の世紀へ』（H・ヘンダーソン）、『人間主義の大世紀を　わが人生を飾れ』（J・ガルブレイス）など数多くの対談集がある。

随筆 地域の旭日 ―地球の未来へ―
二〇〇九年七月三日 初版発行
二〇〇九年八月六日 五刷発行

著 者 池田大作
発行者 榎本尚紀
発行所 株式会社 鳳書院
〒一〇一-〇〇六一
東京都千代田区三崎町二-八-一二
電話 〇三-三二六四-三一六八（代表）
印 刷 明和印刷株式会社
製 本 株式会社常川製本

定価はカバーに表示してあります

ISBN978-4-87122-156-6 C0095